MUTTER TERESA

Leben, um zu lieben

MUTTER TERESA

Leben, um zu lieben

JAHRESLESEBUCH

Teilweise neu übersetzt,
eingeleitet und herausgegeben von
Claudia Zankel

HERDER
FREIBURG · BASEL · WIEN

Umschlaggestaltung: Finken & Bumiller, Stuttgart
Umschlagmotiv: KNA-Bild, Frankfurt/M.

Druck und Bindung: Clausen & Bosse, Leck
Gedruckt auf umweltfreundlichem,
chlor- und säurefrei gebleichtem Papier
ISBN 3-451-27018-8

Inhalt

Zum Geleit

»*Sie schenkte uns die Tugenden wieder*, die in der Geschichte dieses Jahrhunderts auf dem Trümmerhaufen gelandet sind: die Frömmigkeit und den Mut, den Respekt vor dem Leben und vor dem Tod.« Diesen Satz schrieb eine italienische Zeitung kurz nach Mutter Teresas Tod am 5. September 1997.

Nur wenige Personen haben dieses Jahrhundert so entscheidend geprägt wie Mutter Teresa. Ein Jahrhundert, das von wachsendem Eigennutz und schwindendem Mitgefühl so durchdrungen war, daß es keinen Platz zu haben schien für eine Frau, deren Herz vor Liebe überquoll. Mutter Teresa predigte nicht nur ihr ganzes Leben lang beharrlich die Liebe, sondern verwandelte sie auch in Taten. Mutter Teresa trug die Liebe im Herzen, und in ihren Händen trug sie die Verantwortung für Abertausende Kranke, Sterbende, Verstoßene, Verwaiste. Auf der ganzen Welt finden sich heute die Niederlassungen ihres Ordens der »Missionarinnen der Nächstenliebe«.

Vor einem halben Jahrhundert, am 18. August 1948, verließ Mutter Teresa den Loreto-Orden, um in den Slums von Kalkutta den Ärmsten der Armen zu dienen. Der weiße Sari mit der blauen Borte, den sie seit diesem Tage trug, wurde zum äußeren Erkennungszeichen des Ordens. Doch nicht nur daran erkannten die Menschen sie. Auf Mutter Teresas Lippen lag immer ein Lächeln, das von einer tiefen Heiterkeit herrührte und ihrem frohen Herzen entsprang. Und genauso wird der »Engel von Kalkutta« vielen Christen und Nicht-Christen in Erinnerung bleiben. »*Ein frohes Herz ist die Frucht eines Herzens, das vor Liebe brennt*«, sagte

Mutter Teresa immer wieder ihren Schwestern und allen, denen sie begegnete.

Mutter Teresa hat mit einfachen, schlichten Worten eine Wahrheit ausgedrückt, sie hat ihren Finger auf die Wunde der Lieblosigkeit der Welt gelegt. Doch nicht um anzuprangern, nicht um einen Schuldigen zu finden und ihn zu richten, sondern um die Menschen an Gottes Liebe zu erinnern, um diese in Taten umzusetzen. Nicht der Hunger nach Brot, wie vor allem in den armen Ländern, sei die große Not der westlichen Welt, sondern der Hunger nach Liebe. Sowohl diesen als auch jenen zu stillen, machte sich Mutter Teresa, ganz im Sinne eines gelebten Evangeliums, zur Aufgabe: *»Ich war hungrig, und du hast mir zu Essen gegeben.«* Christus, das Brot des Lebens, allen Menschen zu bringen, war ihr Lebenswerk: *»Bringt Christus – ohne darin nachzulassen – zu den Menschen, die euch brauchen; bringt ihn nicht durch Worte, sondern durch euer Beispiel, durch die Liebe, die euch mit ihm verbindet; seid ihnen ein Abglanz seiner Heiligkeit, und verbreitet seine wohltätige Liebe, wo immer ihr auch seid.«*

Ostern 1999
CLAUDIA ZANKEL

JANUAR

Gott ruft ins Leben nach seinem Herzen

Unsere Berufung

Unsere Berufung besteht darin, Jesus zu gehören, aus tiefer Überzeugung ihm zu gehören. Wir sind nicht dazu berufen, für die Armen dazusein oder ein kontemplatives Leben zu führen, sondern darin besteht unsere Berufung, ihm zu gehören. Wir müssen überzeugt sein, daß uns nichts von seiner Liebe trennen kann.

Diese Überzeugung macht aus euch kontemplative Menschen. Sie drückt sich aus in den Gelübden: in der Keuschheit, in der Freiheit der Armut, in der Ganzhingabe im Gehorsam und – das gilt besonders für die *Brüder des Göttlichen Wortes* – in eurem freien, ungeteilten Dienst an den geistlich Ärmsten unter den Armen, denen ihr mit ganzem Herzen das Wort Gottes verkündet.

6/75

»TERESA«

Als Gonxha (Mutter Teresas Taufname) 1931 ihre Gelübde ablegte, mußte sie – nach den Regeln der Schwestern von Loreto – ihren Namen ändern. Gerade zu dieser Zeit besaß eine französische Nonne, die erst kürzlich von Pius XI. heiliggesprochen und zur Hauptpatronin aller Missionen erklärt worden war, eine starke Anziehungskraft: Thérèse von Lisieux.

Die große Verehrung, die man der heiligen Karmelitin entgegenbrachte, erklärt, warum neben der jungen Gonxha Bojaxhiu auch eine andere Novizin den Namen der neuen Heiligen für sich wählte. Breen, eine irische Novizin, erhielt das Privileg, von nun an den Namen Thérèse zu tragen.

Die albanisch-mazedonische Schwester nannte sich – in der spanischen Schreibweise – Teresa. Zu vielen Gelegenheiten mußte Mutter Teresa den Ursprung ihres Namens erklären: »Als ich meine Profeß erhielt, entschloß ich mich, mich Teresa zu nennen. Aber es war nicht der Name der großen Teresa von Ávila. Ich wählte den Namen der kleinen Teresa.«

1/39

Wohin ich gehe

Schon frühzeitig spürte Mutter Teresa ihre Bestimmung, und mit 18 Jahren empfing sie während eines Gebetes am Altar der Schutzpatronin von Skopje eine eindeutige und klare Botschaft: »Es war Unsere Liebe Frau von Letnica, die sich an mich wandte und mir half, meine Berufung zu finden.«

Ihre endgültige Berufung jedoch erhielt Mutter Teresa 1946 in einer ganz anderen Umgebung: »Ich reiste im Zug von Kalkutta nach Darjeeling«, – Darjeeling ist das Kloster, in dem sie 16 Jahre zuvor ihr Noviziat verbracht und sowohl ihre zeitliche als auch ewige Profeß vollzogen hatte – »um dort geistliche Übungen zu machen. Während ich mich in einem stillen und eindringlichen Gebet mit dem Herrn befand, hörte ich einen klaren Ruf. Die Botschaft war eindeutig: Ich sollte das Kloster verlassen, mich ganz den Armen weihen und unter ihnen leben. Es war ein Befehl. Ich verstand zwar, wohin ich gehen, aber nicht, wie ich dorthin gelangen sollte.«

2/195

DEIN WILLE GESCHEHE

Mutter Teresa verließ den Orden, verwirklichte einen Traum und machte das menschlich Unmögliche möglich. Aber im Grunde erfüllte sie nur das wahrhaft Christliche: das Evangelium wörtlich zu nehmen. Doch niemand kann Unmögliches möglich machen, ohne mit dem wahren Glauben ausgerüstet zu sein – doch dadurch zeichnen sich nur wenige aus.

»Kaum hatte ich den Orden verlassen, fand ich mich auf der Straße, ohne Obdach und Begleitung, ohne Hilfe und Geld, ohne Arbeit, ohne Aussichten, ohne Sicherheit. Ich begann zu suchen. Ich lief und lief, ohne anzuhalten, bis ich ohnmächtig wurde. Dann erst verstand ich die Erschöpfung der Armen besser: immer auf der Suche nach etwas Eßbarem, sei es von einem Wohltäter oder von irgend jemand.«

1/45

Der Versuchung widerstehen

Mutter Teresa fuhr fort: »Erinnerungen an die Sicherheit, die ich in Loreto genossen hatte, befielen mich und versuchten mich zu verführen. Und ich betete: ›Lieber Gott! Aus freier Entscheidung und mit der alleinigen Hilfe Deiner Liebe wünsche ich zu bleiben, wohin mich Dein Wille gerufen hat. Ich möchte nicht wieder umkehren, denn ich gehöre zu der Gemeinschaft der Armen:

Zu denjenigen, die die Menschen aus Furcht, sich anzustecken und sich zu beschmutzen, nicht berühren wollen – weil jene voller Parasiten sind und bedeckt mit Schmutz.

Zu denjenigen, die nie die Kirche besuchen, weil sie nichts zum Anziehen haben.

Zu denjenigen, die nichts essen, weil sie bereits gestorben sind.

Zu denjenigen, die auf der Straße zusammenbrechen und wissen, daß sie dort sterben werden, während die Lebenden gleichgültig an ihnen vorübergehen.

Zu denjenigen, die nicht mehr weinen können, weil ihre Tränen längst versiegt sind.‹

Ich war sicher, daß Gott mich dort, wo ich mich befand, wünschte. Ich war überzeugt, daß er mich nicht fallen lassen würde.«

1/45

Unser Herz weist den Weg

Einmal suchte ich Rat bei einem Priester wegen meiner Berufung: »Wie kann ich wissen, daß Gott mich ruft und warum er mich ruft?«

Er antwortete mir: »Das wird dir deine innere Freude sagen. Wenn du dich glücklich fühlst bei der Vorstellung, daß Gott dich ruft, um ihm und deinem Nächsten zu dienen, dann ist das der Beweis deiner Berufung.

Die tiefe Freude des Herzens ist wie ein besonderer Kompaß, der uns den Weg zeigt, den wir nehmen müssen im Leben. Wir müssen ihm folgen, selbst wenn der Weg beschwerlich ist.«

1/36

Ruf Gottes an junge Menschen

Ihr, ihr jungen Menschen, die Jesus gerufen hat,
die Jesus für sich ausgewählt hat,
versucht, ein taugliches Band zu sein,
um die Seelen an Gott zu knüpfen.

Wir sagen nicht nur,
daß wir lieben,
sondern wir lieben,
bis es weh tut.

Jesus kostete es das Leben,
uns zu lieben.

Heute ist es an uns,
an euch und an mir,
uns gegenseitig zu lieben,
so wie Jesus uns geliebt hat.

Ihr dürft keine Angst haben, ja zu Jesus zu sagen.
Denn es gibt keine größere Liebe als die von Jesus.
Weil es keine größere Liebe gibt als die Jesu
und auch keine Freude,
die mit seiner vergleichbar wäre.

3/44

»Magd des Herrn«

Ein Thema häufiger und kontroverser Auseinandersetzungen ist das Priesteramt für Frauen. Mutter Teresa warf diese Frage niemals auf. Bei mehr als einer Gelegenheit äußerte sie sich dazu, jedoch niemals polemisch.

Einmal sagte sie: »Die Frauen wollen das Priesteramt für sich zugänglich machen, und einige haben dieses Thema vor den Heiligen Vater gebracht. Als mich der Papst nach meiner Meinung fragte, sagte ich ihm: ›Es gab keinen besseren Priester als Maria. Als sie die Mutterschaft Jesu annahm, besaß sie alle Rechte auf das Priesteramt. Dessen ungeachtet blieb sie die Magd des Herrn.‹«

1/63

MARIA – ERSTE MISSIONARIN DER NÄCHSTENLIEBE

Indem sie zu Gott sprach: »Mir geschehe, wie du es gesagt hast«, nahm Maria Gottes Ruf an, Jesus in ihr Leben aufzunehmen. Sie gehorchte, sie wurde die Magd des Herrn. Auch heute kommt derselbe Jesus, der lebendige Jesus, verwandelt in das Brot des Lebens, zu uns.

Gott liebt die Welt so sehr, daß er ihr seinen Sohn Jesus durch die unbefleckte Jungfrau Maria schenkte. Der Augenblick, in dem sie Jesus empfing, war der Moment der ersten heiligen Kommunion. Sofort ging sie, ihn den übrigen Menschen zu bringen. So war Maria die erste Missionarin der Nächstenliebe, die erste Botin der Liebe Gottes.

Von da an bis heute habt ihr und habe ich nie aufgehört, denselben Jesus zu empfangen. Auch wir, so wie Maria, müssen ihn voller Eifer den übrigen Menschen bringen.

3/55 & 3/40

Ein gelebtes Ja zu Gott

Unsere Berufung besteht darin, Jesus zu gehören. Der einfachste Weg, damit dies Wirklichkeit wird, besteht darin, in sich den Heiligen Geist wirken zu lassen. Er befähigt uns, uns ganz Gott zu schenken, uns ihm ganz hinzugeben, ohne lange nachzudenken, ohne zu überlegen, was das von uns verlangt. Wir nennen das »blindes Vertrauen«. Maria hat so gelebt: Als sie erfuhr, daß der Herr sie rief, sagte sie ihr Ja. Dieses Ja hat sie nie mehr zurückgenommen. Ihr ganzes Leben war ein beständiges Ja.

Auch unser Leben soll zu diesem einen Wort werden: Ja. Ein gelebtes Ja zu Gott, das ist Heiligkeit. Wir erlauben Gott, daß er alles von uns nehmen kann, was er will, und wir versprechen ihm, alles mit Freude anzunehmen, was er uns gibt.

6/36

Zweifel und Seelenruhe

Es war mühsam: auf der einen Seite der Widerwille, auf der anderen die Furcht, die mich bedrängten. Inmitten meiner Klagen und meiner inständigen Bitten war ein stummer Zeuge anwesend, den ich zur gleichen Zeit beschuldigte: Jesus.

Es gab Momente, in denen ich das Gefühl hatte, ihm Widerstand zu leisten. In anderen Momenten – oder vielleicht in denselben? – fühlte ich die Versuchung, alles hinzuwerfen. Dann wiederum bemächtigte sich meiner eine Ruhe, eine Ruhe mit mir selbst und mit Jesus.

Aber eines Tages, ich erinnere mich genau, fühlte ich plötzlich, ohne irgendwelche äußeren Einflüsse, einen Seelenfrieden über mich kommen, der mich seitdem nie mehr verlassen hat.

1/79

JESUS WÄHLTE MICH

Meine Berufung ist es, Jesus anzugehören, überzeugt davon, daß nichts mich von der Liebe Christi trennen wird.

Die Arbeit, die wir verrichten, ist nichts anderes, als unsere Liebe zu Christus in konkrete Taten zu verwandeln. Nicht ich bin es, die Jesus gefunden hat, es war Jesus, der sich mir offenbart und mich ausgewählt hat.

Das ist meine unabänderliche Berufung: ihm zu gehören, sein Eigentum zu sein, um ihn mit ungeteilter Liebe und Keuschheit zu begehren, in der Freiheit der Armut und in vollkommener Hingabe des Gehorsams.

So sind die Missionarinnen der Nächstenliebe, sie geben sich mit ganzem Herzen dem selbstlosen Dienst an den Allerärmsten hin: Das heißt, Christus im Schmerzenskleid der Armen zu erkennen.

3/28

Gebt euer Leben!

Ich bin überzeugt,
daß wir unsere Aufgaben nicht erfüllen könnten,
wenn ihr und viele tausend Menschen nicht geholfen hätten,
unsere Arbeit zu teilen.

Gott hat unser Werk gesegnet
mit vielen und wunderbaren Berufungen.

Wir haben viele junge Menschen,
die ihr Leben hingeben,
die in Reinheit den Armen dienen,
um Christus zu erkennen
im Schmerzenskleid der Armen.

2/61

Jeder ist wertvoll

Jeder einzelne ist wertvoll in den Augen Gottes. Wir alle sind berufen, heilig zu sein. Heilig zu sein ist kein Luxus, der für wenige reserviert ist, sondern die selbstverständliche Schuldigkeit aller. Es ist nichts besonderes daran. Wir sind nach dem Ebenbild Gottes geschaffen, um zu lieben und geliebt zu werden.

Wir sind keine Sozialarbeiter. Unsere Berufung ist es, Jesus zu gehören. Er hat uns für sich ausgesucht – für sich allein. Was wir für und mit den Allerärmsten tun, ist nichts anderes als unsere Liebe zu Christus, die sich in Taten verwandelt wie in ein lebendiges Gleichnis.

3/161

Beim Namen gerufen

Wir alle sind von Gott gerufen. Ich habe euch bei eurem Namen gerufen, sagt Jesus. Ihr gehört mir. Nichts Böses wird euch widerfahren. Das Feuer wird euch nicht verderben. In meinen Augen seid ihr wertvoll. Ich liebe euch.

Gott hat uns gesandt, Zärtlichkeit und Liebe für die seinen zu sein. Wenn wir Christus lieben, wird es uns leichtfallen, ihm ganz zu gehören und ihn jedem Menschen, dem wir begegnen, zu geben.

Es ist wunderbar, daß uns derselbe Ruf eint, gemeinsam in unserer Liebe das Werk Jesu zu verbreiten. Suchen wir in unserem eigenen Innersten fähig zu werden, unsere Nächsten besser zu verstehen.

Wenn wir jene, unter denen wir leben, besser erkennen wollen, müssen wir zuerst uns unser selber bewußt werden.

2/75 & 3/144

Ein neues Leben beginnen

Aus dem Brief Mutter Teresas, den die damalige Schwester des Ordens Unserer Lieben Frau von Loreto an den Vatikan schrieb, um so um Erlaubnis zu bitten, den Armen Indiens zu dienen, unter ihnen und mit ihnen zu leben:

»Ich bin all die Jahre, die ich im Orden Unserer Lieben Frau von Loreto verbracht habe, glücklich gewesen. Deswegen ist es besonders schmerzlich für mich, ihn zu verlassen. Aber ich fühle mich zu diesem Schritt im Namen Gottes berufen, der eine radikale Änderung meines Lebens für mich vorgesehen hat ...

Ich bin eine einfache Nonne, die sich nicht gebührend auszudrücken weiß. Ich bitte um seine Hilfe, um meinem Ruf nachkommen zu können. In Indien gibt es Tausende Arme, die unter äußerst miserablen Bedingungen leben, abseits von der Gnade Gottes und Christi.«

1/46

Grossartige Menschen

Im Laufe des 20. Jahrhunderts sind wir Zeugen der Anziehungskraft geworden, die ein erwecktes religiöses Bewußtsein einzelner Menschen auf andere hat. Mahatma Gandhi, Martin Luther King jr. und Mutter Teresa sind nur drei von zahllosen Beispielen, die einem dabei in den Sinn kommen.

Die Erleuchtung eines einzelnen beinhaltet die große Verantwortung, anderen die Augen für die Vorstellung einer umfassenderen Wirklichkeit zu öffnen.

Vor Jahren ließ Gott Mutter Teresa die Heiligkeit jeglichen menschlichen Lebens erkennen. Wir alle, die wir sie gekannt haben und ihr gefolgt sind, teilen mit ihr die Berufung, in anderen die Gegenwart Gottes in einem oft furchtbaren Schmerzenskleid der Armen zu erwecken.

1/63

»Du bist mein Eigentum«

Die Ordensleute, die Priester, ja, selbst der Papst haben im Grunde dieselbe Berufung: Jesus zu gehören. Ich habe dich zu meinem Eigentum erwählt, sagt Jesus. Das ist unsere Berufung. Nur die Art und Weise, wie wir jeweils diese Berufung verwirklichen, ist verschieden.

So ist auch unsere tätige Liebe für Jesus nur ein »Mittel«, sie ist sozusagen unser Kleid. Es ist nicht wichtig, ob der eine dieses Gewand trägt, der andere jenes – das ist nur ein Mittel, dessen wir uns bedienen. Die Berufung hat für den Christen nur einen Namen: Jesus.

Ob wir nun Christus durch Taten oder mit Worten verkünden: Es ist ein- und dieselbe Sendung, eine Mission der Liebe und der Barmherzigkeit [...]

In Wahrheit arbeiten wir für das gleiche Ziel: die Verkündigung des Gottesreiches.

6/75 & 6/77

Der Weg der Liebe

Folgendes Bekenntnis schrieb eine Mitarbeiterin Mutter Teresas:

»Das Werk Mutter Teresas und ihrer Schwestern kennenzulernen veränderte mein Leben ganz und gar. Aus einer Biographie über sie erfuhr ich, daß sie die Armen speisen, und etwas verschüchtert wollte ich ihnen helfen. Seitdem stehe ich jeden Tag mit den Schwestern in Kontakt, und niemals vergesse ich, was Mutter Teresa häufig wiederholte: ›Liebt, bis es euch schmerzt.‹

Heute liebe ich mit größerer Hingabe. Etwas, was ich früher nie für möglich gehalten habe, fällt mir nun leicht: Christus zu sehen in meinen Brüdern, in den Kranken, in der Einsamkeit alter Menschen, denen nicht mehr geblieben ist als nicht nur glückliche Erinnerungen, in der Bedürftigkeit der Armen, die außer Gott nichts mehr haben.

Mein Leben sprudelt vor Liebe und Glück über. Ich danke Gott, daß es in meiner Nähe die Missionarinnen der Nächstenliebe gibt, denn dadurch kann ich ihnen meine Hilfe oft zur Verfügung stellen, ohne meine familiären Pflichten vernachlässigen zu müssen. Ich danke ihnen, daß ich den Weg der Wahrheit und der Liebe finden durfte, der mich jeden Tag näher zu Gott führt.«

1/79

Warum ich?

Mitarbeiter sein ist ein Geschenk Gottes.
Es ist nicht einfach nur ein Titel.
Es bedeutet, ein Helfer, ein Mitarbeiter Christi zu sein.
Mit dem Namen Mutter Teresa seid ihr und ich
doch eigentlich Mitarbeiter Christi.
Deswegen sage ich: Ein Mitarbeiter Christi zu sein,
ist ein Geschenk Gottes, eine geheime Gnade.
Wir erkennen dies nicht, und doch ist es
wahrhaftig ein Geschenk Gottes.
Warum ihr? Warum ich?
Das ist das Geheimnis.

Und es ist die wundervollste Überraschung für jeden von uns:
Um unsere Liebe zu Gott zu befriedigen, wurde er zum Brot
des Lebens.

3/68

Gottes Ruf hallt durch die Welt

Wir haben keine Probleme, Berufene zu finden. Der Himmel sendet sie uns, und mit unserem Orden ist er sehr großzügig.

Es gibt keinen Unterschied bei den jungen Menschen, die unserem Orden beitreten möchten: Die einen kommen von der Universität, die anderen aus dem Arbeitsleben. Die meisten sind indischer Nationalität, so wie auch der Orden ursprünglich indisch ist.

Aber es gibt auch manche aus Europa (irische, italienische, deutsche, französische, englische, spanische, portugiesische), aus Amerika (aus Venezuela, den Vereinigten Staaten von Amerika, Mexiko, Peru, Brasilien), aus afrikanischen Ländern und aus Australien.

2/21

Liebe ohne Gerechtigkeit ist keine Liebe

Wir kümmern uns zunächst um den einen, danach um den anderen, nie um eine Menge Menschen. Unsere besondere Berufung ist es, den einzelnen heute zu lieben. Der Berufung anderer bleibt es vorbehalten, längerfristiger zu arbeiten.

Die Liebe, die Zärtlichkeit, die Barmherzigkeit
sind die wahre Gerechtigkeit.
Gerechtigkeit ohne Liebe ist keine Gerechtigkeit.
Liebe ohne Gerechtigkeit ist keine Liebe.

Oft wird uns gesagt, daß wir die Armen zu sehr verwöhnen. Doch niemand hat uns mehr verwöhnt als Gott selbst. Es ist eine gute Sache, daß es zumindest einen religiösen Orden gibt, der die Armen auf Händen trägt –
für die Reichen gibt es bereits genug davon.

3/160

Arbeiten ohne Stolz und Eitelkeit

Achten wir darauf, daß weder Stolz noch Eitelkeit in unser Tun eindringen. Unsere Arbeit ist Werk Gottes; die Armen sind die Armen Gottes. Arbeitet für Jesus, dann wird Jesus mit euch arbeiten. Betet mit Jesus, dann wird Jesus durch euch beten.

Je mehr ihr euch selbst vergeßt, desto mehr wird Jesus an euch denken. Je mehr ihr euch von euch selbst loslöst, desto mehr wird Jesus mit euch verbunden sein.

Gebt euch ganz unter den Einfluß Jesu, damit er in euch seine Gedanken denken kann und sein Werk durch eure Hände tun kann, denn mit ihm, der euch stärkt, werdet ihr alles tun können.

6/51

Von ganzem Herzen

Unsere Schwestern und Brüder nennen sich Missionare der Nächstenliebe.

Es sind junge Menschen, die sich berufen fühlen, Botschafter der Liebe Gottes zu sein.

Berufung ist, sich Jesus ganz hinzugeben, so daß nichts uns von der Liebe Christi trennen kann.

Was ihr und ich tun müssen, ist nichts anderes, als unserer Liebe zu Christus in konkreten Taten Ausdruck zu verleihen.

Wichtig dabei ist nicht, wieviel wir tun, sondern mit wieviel Liebe wir unsere Taten vollbringen.

Darin besteht unsere Liebe zu Gott.

2/120 & 3/41

Hört auf die Stimme Gottes

Brüder, bemüht euch von Anfang an, im Gebet, bei der Anbetung und der Betrachtung auf die Stimme Gottes zu hören. Wenn ihr auf die Straße geht, könnt ihr vielleicht nichts sagen; aber vielleicht seht ihr jemanden an der Straßenecke stehen: Geht zu ihm hin. Es kann sein, daß er unwirsch reagiert, aber ihr seid einfach da.

Und auch der, der in euch ist, ist zugegen. Es ist eine ganz besondere Gegenwart. Ihr müßt sie ausstrahlen durch die Liebe und den Respekt, mit dem ihr euch diesem Menschen zuwendet. Warum? Weil ihr glaubt, daß es Jesus ist. Es ist Jesus, der nicht imstande ist, euch zu empfangen. Deshalb müßt ihr herausfinden, wie ihr zu ihm kommen könnt. Er verbirgt sich in der Gestalt dieses Menschen.

Darauf bezieht sich unser viertes Gelübde. Wir sind durch dieses Gelübde gebunden: Wir alle möchten den Hunger der Menschen stillen, nur daß wir Schwestern diesen Hunger mehr von der materiellen Seite her sehen, während ihr Brüder mehr den geistlichen Hunger, die innere Heimatlosigkeit in den Blick nehmt.

Glaubt mir, Brüder, ich halte es für wesentlich schwieriger, mit Leuten zu arbeiten, die im Herzen verbittert, verängstigt sind, die nicht erwünscht und nicht geliebt sind und um die sich niemand kümmert.

6/77

Berufen für eine Zukunft mit Gott

Ihr jungen Menschen, gründet auf dem Ruf Gottes durch eurer Leben eine Zukunft, die er euch weist. Nehmt ihr den Ruf an? Es ist ein Ruf, den er an euch und an mich richtet.

Jede christliche Seele ist gerufen, Gott anzugehören, auf eine besondere Art durch das Priesteramt und durch das religiöse Leben.

Ich bete für euch, daß ihr versteht und den Mut habt, den Ruf Jesu mit einem einfachen Wort zu beantworten: Ja.

Betet ihr für uns, daß wir das Werk Gottes nicht vernachlässigen.

3/41 & 3/45

Gottes Geist in meinem Herzen

Gottes Geist ist in meinem Herzen,
er hat mich gerufen und ausgesondert.
Dies ist es, was ich tun muß,
was ich tun muß.

Er hat mich ausgesandt, den Armen frohe Botschaft zu bringen,
den Gefangenen zu sagen, daß sie nicht mehr Gefangene sind,
den Blinden zu sagen, daß sie sehen können,
und die Unterdrückten zu befreien
und allen die Botschaft zu bringen,
daß Gottes Reich gekommen ist.

Wie der Vater mich gesandt hat, so sende ich euch,
meine Zeugen zu sein überall in der Welt, in der ganzen Welt.
Tragt keine Last in eurem Bündel,
ihr braucht nicht zwei Hemden für euren Rücken,
der Arbeiter kann seinen Unterhalt selbst verdienen.

Sorgt euch nicht, was ihr sagen sollt, sorgt euch nicht,
weil an jenem Tag Gottes Geist in eurem Herzen sprechen wird,
in eurem Herzen.

4/106

Ich gebe mich ganz in deine Hand

Wenn wir ja sagen, müssen wir genau wissen, was dieses Ja beinhaltet. Ja zu Gott sagen bedeutet: Ich gebe mich ganz in deine Hand, ohne zu rechnen oder zu fragen, ob alles in Ordnung ist, ob es sich lohnt und was es bringt.

Unser Ja zu Gott ist vorbehaltlos. Das macht einen kontemplativen Menschen aus: ganz und gar Gott zu gehören, ohne den geringsten Vorbehalt. Es kommt nicht darauf an, was wir empfinden.

6/36

Ein kleiner, wertloser Ball

Thérèse von Lisieux erklärt sehr schön, was Ergebung ist:

»Vor einiger Zeit habe ich Jesus gesagt, daß er mich nicht wie ein teures Spielzeug behandeln soll, das die Kinder nur anschauen, ohne zu wagen, es zu berühren. Vielmehr möchte ich wie ein kleiner, wertloser Ball sein, den er auf den Boden werfen kann, gegen den er treten, den er durchlöchern, in einer Ecke liegen lassen oder auch, wenn es ihm gefällt, an sein Herz drücken kann. Kurz, ich wollte den kleinen Jesus unterhalten, ihm eine Freude machen: Ich wollte mich seinen kindlichen Kapriolen ausliefern ...«

So müssen ein Bruder, eine Schwester sein: wie dieser kleine Ball in der Hand Jesu. Sagen wir ihm: »Du kannst tun, was du willst, wie du es willst und solange du es willst.«

6/34

Ich gehöre ihm ganz und gar

Daß wir ganz Gott gehören, zeigt sich in kleinen Dingen ebenso wie in den großen. Es geht immer nur um dieses eine Wort: Ja, ich nehme alles an, was du gibst. Ich gebe dir alles, was du nehmen möchtest.

Auf diesem einfachen Weg können wir heilig werden. Wir dürfen es uns nicht durch komplizierte Überlegungen schwer machen. Heilig sein heißt nicht, Außergewöhnliches zu vollbringen oder Großes zu verstehen, sondern es besteht in diesem einfachen Ja.

Ich habe mich Gott geschenkt und gehöre ganz ihm, ich verlasse mich ganz auf ihn. Er kann mich jetzt hierhin stellen, später dorthin; er kann sich meiner bedienen oder auch nicht. All das ist gleichgültig, denn ich gehöre ihm ganz und gar. Er kann mit mir machen, was er will.

6/37

Praxis christlicher Nächstenliebe

Einige meiner Mitarbeiter konvertierten zum katholischen Glauben, aber ohne daß wir jemals versucht haben, sie direkt dazu zu bewegen. In der Praxis der christlichen Liebe nähern wir uns gegenseitig an und versuchen, daß andere sich Gott nähern, aber ohne konfessionelle Auflagen zu machen. Wenn sie die Liebe annehmen, nehmen sie Gott an, und Gott nimmt sie an.

Unser Zeugnis ist nichts anderes als diese Wesensart. Andererseits wäre es ein großer Irrtum zu vergessen, daß wir uns in Indien befinden, bei einem Volk, das stolz auf seine kulturellen und religiösen Traditionen und aus diesem Grund mißtrauisch ist gegen jede Form von Missionierungsversuchen.

2/22

FEBRUAR

Gott in allen Dingen

Ich bin glücklich

»*Mutter Teresa, sind Sie glücklich?*« fragte sie ein Journalist.

»Ja, sehr«, antwortete sie ihm.

»Wie gelingt Ihnen das?« fragte er weiter.

»Ich bete und arbeite. Für Jesus, mit Jesus und in Jesus. Ich diene ihm mit meinen Händen. Ich trage die Armen in meinem Herzen. Indem ich den Armen diene und sie liebe, diene und liebe ich Jesus. [...]

Ich bin sehr glücklich. Ehrgeizige Menschen streben nach immer mehr und sind niemals glücklich. Ich besitze nichts. Deswegen bin ich vollkommen frei.«

1/4 & 1/10

Ich sorge mich nicht

Vertrauen auf die göttliche Vorsehung ist der feste, lebendige Glaube, daß Gott uns helfen kann und helfen wird. Daß er uns helfen kann, ist offenkundig, denn er ist allmächtig. Daß er uns helfen wird, ist sicher, weil er es an vielen Stellen der Heiligen Schrift versprochen hat und all seine Versprechen treu hält. Christus ermutigt uns zu einem solchen lebendigen Vertrauen: »Alles, worum ihr betet und bittet – glaubt nur, daß ihr es schon erhalten habt, dann wird es euch zuteil« (Markus 11,24).

Deshalb trägt uns auch der Apostel Petrus auf, alle Sorgen auf den Herrn zu werfen, der für uns sorgt (vgl. 1 Petrus 5,7). Und wie sollte Gott nicht für uns sorgen, da er uns doch seinen Sohn gesandt und uns mit ihm alles gegeben hat? Der heilige Augustinus sagt: »Wie könnt ihr daran zweifeln, daß Gott euch Gutes gibt, da er sich herabgelassen und um euretwillen das Böse auf sich genommen hat?«

Mutter Teresa erklärte ihren Glauben in die göttliche Vorsehung mit einfachen Worten:

»Geld ist etwas, um das ich mich niemals sorge: Gott wird es uns geben. Die Arbeit, die wir verrichten, dient ihm, und er kommt für uns auf. Wenn er uns bei einem bestimmten Werk nicht unterstützt, zeigt er uns, daß es ihm unlieb ist. Also, worum sollte ich mich sorgen?«

6/46f & 1/85

DER GLÜCKLICHSTE TAG

Vom 3. Februar 1986 sagte Mutter Teresa, daß dieser Tag der glücklichste in ihrem Leben gewesen sei (doch es war bestimmt nicht der einzige). Während seiner »apostolischen Reise« nach Indien nahm Johannes Paul II. Mutter Teresas Einladung ins Haus der Sterbenden (Nirmal Hriday) an. Bei diesem Besuch führte Mutter Teresa persönlich den Papst, dem dabei Tränen in die Augen traten. Vielleicht weil der Papst hier die Botschaft des Evangeliums, die er verkündete, verwirklicht sah?

Der Papst war sehr bewegt, und am Ende seines Besuches richtete er an die Schwestern folgende Worte: »Nirmal Hriday ist ein Ort der Hoffnung; ein Haus, das auf dem Fundament des Mutes und des Glaubens gebaut ist; ein Raum, wo die Liebe regiert. Nirmal Hriday kündet von der tiefen Würde jedes menschlichen Wesens.

Hier herrscht die liebevolle Fürsorge, die Zeugnis davon ablegt, daß der Wert eines jeden Lebens weder an Leistung noch an Fähigkeiten zu messen ist, weder an Gesundheit oder Krankheit, weder an Alter, Herkunft oder Hautfarbe. Unsere menschliche Würde kommt von Gott, unserem Schöpfer, der uns nach seinem Bild geschaffen hat. Diese Würde kann niemals geraubt werden, sie ist unantastbar, denn in den Augen Gottes sind wir immer wertvoll.«

1/66

Der Besuch von Johannes Paul II.

Nach dem halbstündigen Besuch von Johannes Paul II. im Haus der Sterbenden erschienen viele Zeitungsartikel über die Reise des Papstes nach Indien.

Der *Corriere della Sera* vom 4. Februar 1986 schrieb: »Der Papst blieb vor jedem der 120 Betten stehen, er segnete die sterblichen Reste der vier kürzlich Verstorbenen und sprach mit den Lebenden ein paar Worte ... Mutter Teresa übersetzte Satz für Satz ... Der Papst berührte jeden von ihnen. Er küßte die Stirn und die Gesichter der Leprakranken, die sich aufrichten konnten. Denjenigen, die sich nicht bewegten, zeichnete er mit dem Daumen das Kreuz auf die Stirn ... Bevor der Papst den Saal verließ, nahm er Mutter Teresas Gesicht in seine Hände und küßte sie auf die Stirn. ›Dies ist der glücklichste Tag meines Lebens‹, sagte Mutter Teresa den Anwesenden. ›Ich habe schon so lange auf ihn gewartet. Der Papst ist ein wahrhaftiger Vater.‹«

1/66

Wenn uns eine Arbeit widerstrebt

Wir arbeiten hauptsächlich unter Sterbenden, alten, einsamen Menschen, armen und verwaisten Kindern, Leprakranken. Wir können nicht verneinen, daß dies eine Arbeit ist, die uns in vielen Fällen einiges abverlangt.

Je mehr uns eine Arbeit widerstrebt, desto größer sollte unser Glaube sein und desto freudiger unsere Hingabe. Das Gefühl des Widerwillens ist zwar natürlich, aber aus Liebe zu Jesus können wir es in heroischer Weise überwinden.

Im Leben der Heiligen war oft die heldenhafte Überwindung des Widerwillens der Schlüssel zu ihrer großen Heiligkeit. So war es bei Franz von Assisi: Als er einem Leprakranken begegnete, wandte er sich zunächst ab. Doch dann überwand er sich und küßte das schrecklich entstellte Gesicht. Daraufhin wurde Franziskus von einer unsagbaren Freude erfüllt. Er wurde ganz Herr seiner selbst, und der Leprakranke ging fort und pries Gott für seine Heilung.

2/15 & 6/25

Die Abscheu überwinden

Ich fand eine Frau, deren Gesicht und deren Beine bereits von Ratten angefressen waren – wenn ich bei diesem ersten Mal mir nicht die Nase wegen des Gestankes zugehalten hätte und nicht näher gegangen wäre, hätte ich nicht wie eine Missionarin der Nächstenliebe gehandelt.

Gott gab mir die Kraft für den entscheidenden Schritt: Ich hob sie auf und brachte sie in ein Krankenhaus. Ich bin überzeugt, wenn ich dies nicht getan hätte, wäre dies das Ende des Ordens gewesen.

1/100

Die Geringsten meiner Brüder

Wir müssen uns immer wieder an etwas Wunderbares erinnern: Jesus kam zu uns, um uns die Frohe Botschaft von Gottes Liebe zu bringen.

Um es uns leicht zu machen, uns gegenseitig zu lieben, so wie Gott es wünscht, sagte Jesus uns: »Was immer ihr dem geringsten meiner Brüder tut, das habt ihr mir getan. Wenn ihr ihm ein Glas Wasser gebt, gebt ihr es mir. Wenn ihr ein Kind in meinem Namen annehmt, so bin ich es, den ihr annehmt.«

Eindeutiger konnte es nicht sein. Wenn wir sterben und nach Hause zu Gott zurückkehren, wenn wir uns vor Christus von Angesicht zu Angesicht wiederfinden, wird Jesus uns sagen: »Kommt, kommt, Gesegnete meines Vaters, und nehmt das Himmelreich in Besitz. Denn ich hatte Hunger, und ihr habt mir zu essen gegeben. Ich war nackt, und ihr habt mich gekleidet. Ich war obdachlos, und ihr habt mich aufgenommen ...«

2/179

CHRISTUS WANDELT UNTER UNS

Unser Dienst beschränkt sich nicht auf materielle Hilfe.

Wir möchten all das beisteuern, damit sich die Ärmsten der Armen nicht von allen verlassen fühlen, und ihnen das Gefühl geben, daß es Menschen gibt, die sich um sie sorgen.

Wir möchten, daß die Worte, die ein hoher Beamter zu den Schwestern gesagt hat, Wirklichkeit werden: »Christus ist es, der erneut unter uns wandelt und den Menschen Gutes tut.«

2/16

Dienerin der Armen

Das Geheimnis ist Gott, er ermöglicht die heldenhafte Nächstenliebe. Mit ihm war die Missionarin der Nächstenliebe tagtäglich verbunden, diese zähe, tatkräftige, ordnende Frau, zerbrechlich und stark zur gleichen Zeit, eine Frau des Gebetes.

In dem langen und ruhigen Gebet erfuhr Teresa von Kalkutta jeden Tag, daß Gott Gott des Lebens, verantwortungsvoller Gott für Glück und Ursprung der Menschen und vor allem Gott der Armen ist. Teresa von Kalkutta betete nicht zu einem Gott, der fern unseres Daseins ist, sondern der sich unserer Welt verpflichtet hat, einer Welt, in die er die Wurzeln des Gottesreiches pflanzt als Vorzeichen und Beginn des kommenden Himmelreiches.

1/26

Bescheiden ist unsere Arbeit

An sich ist unser Werk nicht wichtig, sondern es ist die bescheidenste Arbeit, die es gibt. Aber wir denken, ihr Wert besteht im Geist der Liebe zu Gott, der sie beseelt. Man kann Gott nicht lieben, ohne seinen Nächsten zu lieben. Auf der anderen Seite vergessen die Missionarinnen der Nächstenliebe niemals die Worte Christi: »Ich war hungrig, und du hast mir zu essen gegeben ...« Dieses versuchen wir zu tun: zu essen und zu trinken zu geben, Christus zu kleiden und zu suchen in den Armen, den Sterbenden, den Aussätzigen, den Waisen und den Verlassenen.

Unsere Arbeit beginnt mit den zurückgelassenen Kindern, und mit ihnen setzen wir sie fort, doch dies ist nicht unser einziges Feld. Solche Kinder – Waisen, Zurückgelassene – gibt es leider immer wieder. Einmal, es war in den Anfangsjahren unserer Arbeit, brachte uns ein Polizist eine Gruppe Kinder, die er bei einem Raubüberfall überrascht hatte: Sie waren zu jung, um ins Gefängnis gesteckt zu werden. Ich fragte sie, warum sie das getan hätten. Sie erklärten mir, daß sie jeden Tag von 17 bis 20 Uhr von Erwachsenen Unterricht über Diebstahltechniken erhielten.

2/18

Im Sterben glücklich sein

Den Sterbenden können wir zumindest das Gefühl von etwas Wertvollem geben: daß sie wahrhaftig geliebt werden. Denn auch sie, mit genau demselben oder auch größerem Recht wie alle übrigen, sind Kinder Gottes und verdienen es, geliebt zu werden.

Wir bereiten sie auf den Tod vor. Wenn sie bewußtlos sind, ist unser geistiger Beistand nur bedingt. Wenn sie allerdings bei Bewußtsein sind, fragen wir sie, ob sie an Gott glauben und ihn lieben, ob sie das Schlechte, das sie womöglich im Laufe ihres Lebens getan haben, bereuen, und wir versichern ihnen, daß ihre Sünden vergeben sind.

Dann segnen wir sie, so daß sie Gott näherkommen. Was wir niemals tun: sie taufen – wir wollen nicht falsch verstanden werden.

2/15

Jeder Tag ist Gott geweiht

Um all das erfüllen zu können, ist unser Leben eng an die Eucharistie und das Gebet geknüpft. Unser Tag beginnt mit der heiligen Messe, mit dem Empfang der Kommunion und mit der Meditation.

Unser Leben ist streng geregelt. Wir machen alles gemeinsam: Wir beten gemeinsam, essen gemeinsam, und gemeinsam erfüllen wir unsere Arbeit. Jede Schwester besitzt nur zwei Saris, jeden Tag waschen wir einen davon.

Nach der Messe und dem Frühstück gehen einige Schwestern zum Haus der Sterbenden, einige zu den Leprakranken, andere in die Schulen, die wir in den Slums von Kalkutta führen, wieder andere kümmern sich um das Essen, andere suchen bedürftige Familien auf oder geben Unterricht im Katechismus oder in anderen Fächern. Hierhin und dorthin gehen die Schwestern und haben immer den Rosenkranz in ihren Händen.

Und so beten wir auch: auf den Straßen. Betend begegnen wir den Menschen. Der Rosenkranz ist uns Kraft und Schutz geworden.

2/61

JEDE TAGESZEIT MIT GOTT

Wir gehen immer zu zweit. Wir kehren mittags um halb eins zurück, um zu essen. Nach dem Essen arbeiten wir im Haus. Die Schwestern haben nun eine halbe Stunde Ruhe, denn sie waren die ganze Zeit auf den Beinen. Wir halten Einkehr, beten das Hochgebet und den Kreuzweg. Um zwei Uhr machen wir eine halbe Stunde lang Exerzitien. Danach trinken wir eine Tasse Tee.

Um drei Uhr gehen die Schwestern, die ihre Profeß bereits abgelegt haben, erneut auf die Straße. Anwärterinnen und Novizinnen bleiben im Haus: Sie erhalten Religions- und Bibelunterricht, aber auch Unterricht in unseren Ordensregeln. Zwischen 18.15 Uhr und 18.30 Uhr kehren alle wieder nach Hause zurück. Von 18.30 Uhr bis 19.30 Uhr halten wir Anbetung des ausgesetzten Allerheiligsten.

Die Stunden der Andacht gehen nicht auf Kosten unserer Arbeit. Wir können zehn bis zwölf Stunden arbeiten, ohne unseren Dienst an den Armen unterbrechen zu müssen.

2/62

Mit Gott den Tag beschliessen

Um 19.30 Uhr essen wir. Während der 20 Minuten nach dem Essen bereiten wir unsere Aufgaben für den nächsten Tag vor. Die Zeit von 20.30 Uhr bis 21 Uhr steht zu unserer freien Verfügung, nachdem wir den ganzen Tag gearbeitet haben. Um 21 Uhr gehen wir in die Kapelle für das Nachtgebet und um die Meditation für den kommenden Tag vorzubereiten.

Ein Tag jeder Woche ist für Exerzitien vorgesehen. An diesem Tag gehen die Novizinnen des ersten Jahres hinaus, denn sie tun das nicht jeden Tag.

Am Tag der Exerzitien bleiben alle Schwestern, die die Profeß abgelegt haben, zu Hause. Dieser Tag bietet uns die großartige Gelegenheit, unsere Leere mit neuen Kräften zu füllen. Eben darum ist es ein so wundervoller Tag. An diesem Tag gehen wir auch zur Beichte und halten Anbetung.

2/63

Gebet in schlechten Stunden

Wenn ihr euch angespannt fühlt, wenn ihr unruhig seid, wenn ihr Schlechtes im Sinn habt, wenn du – falls du eine Mutter bist – wünschst, dein Kind loszuwerden, bete zu Gott: »Mein Gott, hilf mir! Beschütze mich vor den Versuchungen der Sünde.« Er wird dasein, euch zu führen, und er steht euch durch seine Gegenwart bei. Danken wir Gott dafür, daß wir uns hier begegnen, daß wir mit anderen diese Liebe teilen können, und dafür, Gott es zu ermöglichen, seine Liebe und seine Barmherzigkeit anderen zu schenken.

Laßt uns beten. Bitten wir unseren Herrn, daß er nicht von unserer Seite weicht im Augenblick der Versuchung. Denn genauso wie Jesus versucht wurde, wird der Teufel uns versuchen. Wir brauchen keine Angst haben, denn Gott ist die Liebe. Wenn Gott uns liebt, wird er uns beistehen, denn er ist ein liebevoller Vater.

Wenn wir uns bewußt sind, daß wir einen Irrtum begangen haben, treten wir vor ihn und sagen: »Mein Gott, es tut mir leid! Ich bereue.«

2/102 & 104

Ein guter Vater

Mutter Teresa erzählte folgende Geschichte:

Ein Journalist hörte mich über die Beichte sprechen und stellte mir bei dieser Gelegenheit eine seltsame Frage: »Mutter Teresa, gehen auch Sie zur Beichte?«

Ich antwortete ihm: »Aber selbstverständlich. Ich beichte jede Woche.«

Er bemerkte: »Gott scheint ja sehr anspruchsvoll zu sein, wenn selbst Sie und Ihre Schwestern beichten müssen.«

Ich erwiderte ihm: »Angenommen, Ihr Sohn, falls Sie einen haben, stellt etwas Schlimmes an. Wenn er dann zu Ihnen kommt und sagt: ›Es tut mir sehr leid, Papa‹, was machen Sie dann? Ich glaube, daß Sie das machen werden, was jeder gute Vater tut: Sie legen ihm die Hand auf die Stirn und geben ihm einen Kuß. So zeigt man jemandem, daß man ihm verzeiht und ihn liebt. Genau das gleiche macht Gott mit uns, eben weil er uns mit großer Zärtlichkeit liebt.«

2/114

Die letzte Beichte

Unsere Schwestern arbeiten in vielen Ländern auf der ganzen Welt. Sie arbeiten mit den Aussätzigen.

Eines Tages trafen sie auf einen Mann, der sich selbst überlassen und abgeschieden lebte. Die Schwestern betraten seine Wohnung, putzten sie, wuschen seine Wäsche und badeten ihn. Die ganze Zeit schwieg er. Nach zwei Tagen jedoch sagte er zu den Schwestern: »Ihr habt Gott in mein Leben gebracht. Bringt auch einen Priester zu mir.«

Die Schwestern holten einen Priester, und er beichtete das erste Mal seit 70 Jahren. Wie herrlich ist die priesterliche Berufung! Gott trat in sein Leben, aber er brauchte den Kontakt zu einem Priester, er brauchte die Hand eines Priesters, der ihm die Sünden vergibt, der seine Sünden mit dem kostbaren Blut Christi wegwischt.

3/43

MÄRTYRER DER LIEBE

Der Entschluß, heilig zu werden, hat seinen Preis. Verzicht, Versuchungen, Kämpfe, Verfolgungen und alle Arten von Opfern kommen auf den Menschen zu, der dazu entschlossen ist. Man kann Gott nur lieben, wenn man selbst den Preis dafür bezahlt.

Jesus sagte: »An der Liebe, die ihr füreinander habt, wird das Volk euch als meine Schüler erkennen.«

Die Märtyrer wurden zu Märtyrern wegen der tiefen Liebe zu den Menschen. Auch wir haben die Möglichkeit für diese Liebe und können Beispiel für Gottes lebendige Liebe sein. Doch dafür – ich wiederhole es noch einmal – müssen wir beten ... Wir müssen uns bemühen, heilig zu sein. Um heilig zu sein, müssen wir zulassen, daß Gott sein Leben in uns lebt, und das tun, was ihm gefällt. Um heilig zu sein, müssen wir ein reines Herz besitzen. »Selig, die ein reines Herz haben, denn sie werden Gott schauen.«

6/39 & 2/104

Gott finden

Es ist für uns entscheidend, daß wir Gott finden. Aber er läßt sich weder im Lärm noch in der Rastlosigkeit finden. Gott liebt die Stille. Schau auf die Natur: die Bäume, die Blumen, das Gras, wie still sie wachsen und gedeihen; schau auf die Sterne, den Mond und die Sonne, wie sie sich in der Stille des Raumes bewegen.

Ist es nicht unsere Aufgabe, Gott den Armen in den Slums zu geben? Keinen toten, sondern einen lebenden, liebenden Gott. Je mehr wir in Gebet und Stille empfangen, desto mehr können wir in unserem tätigen Leben geben.

Wir brauchen die Stille, um Seelen anrühren zu können. Nicht was wir sagen, ist wesentlich, sondern was Gott zu uns und durch uns sagt. Alle unsere Worte wären nichts, wenn sie nicht aus unserem Innern kämen. Worte, die nicht das Licht Christi aufscheinen lassen, vergrößern die Dunkelheit.

4/104

Werkzeuge in Gottes Hand

Es gibt Zeiten, da fühle ich mich völlig erschöpft, wie eine leere Hülse, ohne Stütze, ohne irgendeine Hilfe. Ich fühle mich so verlassen und so elend.

Ich selbst bin gar nichts. Er allein ist alles. Ich tue nichts aus mir selbst. Er tut es durch mich ... Wir sind in unserm Tun und Handeln Werkzeuge in Gottes Hand.

Ich sage immer, ich bin ein kleiner Bleistift in der Hand Gottes. Er ist es, der denkt, er ist es, der schreibt – und es kann hart sein. Manchmal bricht der Bleistift. Oder er muß ihn ein wenig spitzen. Sei ein kleines Werkzeug in seiner Hand, so daß er dich jederzeit brauchen kann, wo auch immer ... Wir müssen nur ja dazu sagen.

5/94

Unser zweites Ich

Unter unseren Mitarbeitern gibt es Kranke und Behinderte, denen es oftmals nicht möglich ist, uns in irgendeiner Weise bei der Arbeit zu helfen. So adoptieren sie gleichsam eine Schwester oder einen Bruder von uns und opfern ihr ganzes Leiden und all ihre Gebete für diesen Bruder oder diese Schwester auf, die dann ihrerseits den kranken Mitarbeiter ganz in ihr Tun einschließen. Die beiden werden wie eine einzige Person und bezeichnen sich als ihr zweites Ich.

Ich habe in Belgien solch ein zweites Ich, das mir vor kurzem bei einem Besuch dort sagte: »Du hast bestimmt schwere und anstrengende Tage vor dir mit all dem Hin und Her, dem vielen Reden und der ganzen Arbeit. Ich kenne das von den Schmerzen an meiner Wirbelsäule und von der schwierigen Operation her, der ich mich bald unterziehen muß.«

Es ist ihre siebte Operation, und immer, wenn ich etwas besonders Schwieriges zu tun habe, ist sie es, die hinter mir steht und mir Kraft und Mut gibt, den Willen Gottes auszuführen. Dadurch vermag ich das zu leisten, was mir zu tun aufgegeben ist. Als mein zweites Ich tut sie den schwierigsten Teil der Arbeit für mich.

4/34

Mut, Erniedrigung anzunehmen

Die Menschen verbergen ihre Not oft, vor allem, wenn sie einmal bessere Zeiten gekannt haben. Wie ein Mann, der einmal hierher kam. Es war ihm früher besser gegangen. Er hatte einen Abstieg im Leben gemacht. Eines Tages kam er zu uns. Er sagte: »Mutter Teresa. Ich kann das Zeug nicht essen, was dort ausgeteilt wird.«

Darauf sagte ich zu ihm: »Ich esse das jeden Tag.«

Er sah mich an und fragte: »Sie essen das?«

Und ich antwortete: »Ja.«

Daraufhin meinte er: »Dann werde ich es auch essen.«

Daß ich das gleiche aß, gab ihm den Mut, die Erniedrigung anzunehmen. Wenn ich das nicht hätte sagen können, wäre in seinem Innern vielleicht Härte und Verbitterung zurückgeblieben, und er hätte nichts annehmen können. Aber sobald er wußte, daß ich an seiner Seite war, fand er den Mut ...

5/50

Vom Volk geliebt

Die Menschen sehen, daß wir mitten unter ihnen und mit ihnen leben. Das schätzen sie. Aber nicht immer ist es so: Eifersucht und Ungeduld treten auf, wenn wir ihnen nicht das geben können, was sie benötigen oder worum sie bitten. Oder wenn sie sehen, daß wir anderen, die bedürftiger sind als sie, Dinge geben, die auch sie haben wollen.

Wenn so etwas passiert, wissen wir, daß es sinnlos ist, darüber zu diskutieren, und wir versuchen, sie zu beruhigen. Das beste ist, die Aufregung sich legen zu lassen. Wenn sie ihre Ruhe wiedererlangt haben, ändern sie auch fast immer ihr Verhalten.

2/22

Niedrige Arbeiten verrichten

Wie sich Jesus den Gesetzen der Arbeit und ihrer Mühe unterwarf und das Schicksal aller Armen teilte, so wollen auch wir, die *Brüder des Göttlichen Wortes*, hart arbeiten, gleich welche Aufgabe uns aufgetragen wird. Wir wollen uns freuen, niedrige Arbeiten tun zu können.

Wenn es keine anderen Mittel gibt, verdienen die Brüder durch ihrer Hände Arbeit ihren Unterhalt, durch Ackerbau, handwerkliche oder sonstige Tätigkeiten, die mit ihrem Lebensstil vereinbar sind, sofern sie nur jede Art von Geschäftemacherei vermeiden.

6/33

»Gib mir freie Hand«

Die heilige Margareta Maria Alacoque stellte eines Tages Jesus die Frage: »Herr, was möchtest du, das ich tue?« – »Gib mir freie Hand«, antwortete Jesus.

Er wird das göttliche Werk der Heiligung vollbringen, nicht ihr. Er bittet nur um eure Fügsamkeit. Laßt euch von ihm leer machen und zurechtweisen. Er füllt dann den Kelch eures Herzens bis zum Rand, damit ihr von eurer Fülle weitergeben könnt.

Schaut auf ihn; richtet eure Augen auf ihn, der das Licht ist; bringt eure Herzen zu seinem göttlichen Herzen; bittet ihn um die Gnade, ihn kennenzulernen, um die Liebe zu ihm und um den Mut, ihm zu dienen. Sucht ihn mit Eifer.

6/70

Die kleine Blume

Mutter Teresa erinnerte sich an die ›Kleine Blume‹ aus dem Karmel von Lisieux, deren Leben sie genau kannte.

»Als sie im Sterben lag, fragten ihre Schwestern sich: ›Was können wir über sie schreiben?‹

Die kleine Teresa hörte die Frage und sagte zu Jesus mit inniger Freude: ›Du hast große Dinge aus meinem Nichts gemacht.‹

Die kleine Teresa verwirklichte kleine Dinge mit großer Liebe, gewöhnliche Dinge mit außerordentlicher Liebe. Deswegen sprach Pius XI. sie heilig.«

Mutter Teresa fügte eine weitere Einzelheit hinzu: »In dem Karmel, in dem die Kleine Blume lebte, gab es eine alte Nonne, die niemand zufriedenstellen konnte: Sie beklagte sich ununterbrochen, so daß niemand sich um sie kümmern wollte. Die einzige, die sich freiwillig anbot, war die Kleine Blume, die dies aus Liebe zu Jesus tat. Jeden Tag mußte sie dieselben Klagen hören: ›Du bist zu langsam‹ oder ›Du gehst zu schnell‹ – ›Du bringst mich um‹ oder ›Darf man wissen, was du da machst?‹ – ›Kannst du nicht ein bißchen schneller gehen?‹ Nichts anderes war es als eine ununterbrochene Klage. Und immer gehorchte die Kleine Blume jener Schwester, und immer stand sie ihren Wünschen zur Verfügung. Es war ein außergewöhnlicher und vollkommener Gehorsam.«

1/126

Über den heiligen Augustinus

Unser sich erweiterndes Wissen vermag unseren Glauben nicht zu trüben, es zeigt nur die Größe der Schöpfung Gottes. Oft können wir nicht verstehen. Im Leben des heiligen Augustinus findet sich ein schönes Beispiel.

Augustinus kämpfte darum, Gott zu verstehen, die Dreifaltigkeit, die Herrlichkeit von Gottes Schöpfung. Sein menschlicher Geist konnte es nicht fassen. Er suchte hier und suchte dort, bis er einmal am Meer auf einen kleinen Jungen stieß, der Wasser in ein Loch im Boden schüttete. Augustinus fragte ihn, was er da tue, und er antwortete: »Ich versuche, das Meer in dieses Loch zu schöpfen!«

Und als Augustnus meinte, das sei unmöglich, sagte das Kind, das in Wahrheit ein Engel war: »Es ist immer noch einfacher, das Meer in dieses Loch zu schöpfen, als für dich, das Geheimnis Gottes zu verstehen.«

4/27

Das Leben ist kostbar, geh sorgfältig damit um

Das Leben ist Schönheit, bewundere sie.
Das Leben ist Seligkeit, genieße sie.
Das Leben ist ein Traum, mach daraus Wirklichkeit.
Das Leben ist eine Herausforderung, stelle Dich ihr.
Das Leben ist eine Pflicht, erfülle sie.
Das Leben ist ein Spiel, spiele es.
Das Leben ist kostbar, geh sorgfältig damit um.
Das Leben ist Reichtum, bewahre ihn.
Das Leben ist Liebe, erfreue Dich an ihr.
Das Leben ist ein Rätsel, durchdringe es.
Das Leben ist Versprechen, erfülle es.
Das Leben ist Traurigkeit, überwinde sie.
Das Leben ist eine Hymne, singe sie.
Das Leben ist Kampf, akzeptiere ihn.
Das Leben ist Tragödie, ringe mit ihr.
Das Leben ist ein Abenteuer, wage es.
Das Leben ist Glück, verdiene es.
Das Leben ist das Leben, verteidige es.

5/116

Entzünden wir sein Licht

Greifen wir nicht zu Bomben und Gewehren, um die Welt zu überwinden. Greifen wir zu Liebe und Mitleiden. Der Frieden beginnt mit einem Lächeln – lächle fünfmal am Tag jemandem zu, dem du alles andere als zulächeln willst – tu es für den Frieden. Strahlen wir den Frieden Gottes aus, entzünden wir sein Licht und löschen wir auf der Welt und in den Herzen aller Menschen jeden Haß und jede Neigung zu Gewalt. [...]

Wir alle sehnen uns nach dem Himmel, wo Gott ist, aber wir haben es in der Hand, hier und jetzt bei ihm im Himmel zu sein, in diesem Augenblick mit ihm glücklich zu sein. Mit ihm jetzt glücklich sein heißt lieben, wie er liebt, helfen, wie er hilft, geben, wie er gibt, dienen, wie er dient, retten, wie er rettet.

Wenn du nur für einen Blinden einen Brief schreibst oder einfach kommst, dich hinsetzt und zuhörst oder für ihn die Post holst oder jemand besuchst oder jemand eine Blume bringst – nichts ist zu gering, denn so lieben wir Christus mit Taten.

Gebet ist Freude ... Gebet ist Liebe ... Gebet ist Frieden ... Man kann das Gebet nicht erklären, man muß es erfahren. Es ist nicht unmöglich. Gott schenkt es dem, der darum bittet. »Bittet und ihr werdet empfangen.« Ein Vater weiß, was er den Kindern geben soll – um so mehr weiß es der himmlische Vater!

8/34f

MÄRZ

Im Leiden Gott finden

Der Sinn des Leidens

Das Leiden an sich ist sinnlos, aber das Leiden, das mit der Passion Christi einhergeht, ist ein herrliches Geschenk an das menschliche Leben, die herrlichste der Gaben, die wir im Leiden Christi teilen können. Ja, und ein Zeichen der Liebe, denn er war der Auserwählte, durch den der Vater gezeigt hat, wie sehr er die Welt liebt: indem er seinen Sohn hingab, um für uns zu sterben. Auf diese Weise, in Christus, durch sein Leben, setzte er ein Zeichen, daß er ein Geschenk, das größte Geschenk der Liebe war, denn durch sein Leiden tilgte er unsere Schuld.

Wenn wir einsehen, daß wir Schuld auf uns geladen haben und wir um Vergebung bitten müssen, wird es uns sehr leichtfallen, anderen zu vergeben. Aber wenn ich nicht einsichtig bin, wird es mir schwerfallen, »Ich vergebe dir« zu demjenigen zu sagen, der zu mir kommt.

3/154

Er kommt zu euch

Wir müssen uns unserem Herrn zuwenden und uns fragen: »Liebe ich Jesus genug? Nehme ich wirklich die Freude zu lieben an, indem ich seine Passion teile?«

Auch heute noch sucht Jesus jemanden, der ihm Trost bietet. Erinnert euch, was in Getsemani geschah: Jesus suchte einen Gefährten in seinem Todeskampf.

Etwas Ähnliches bedeutet unser Leben: Bieten wir ihm die Möglichkeit, seine Traurigkeit mit uns zu teilen? Seid ihr bereit, ihn zu trösten?
Er kommt zu euch als Hungernder.
Er kommt zu euch als Nackter.
Er kommt zu euch als Einsamer.
Er kommt zu euch als Alkoholkranker.
Er kommt zu euch als Prostituierte.
Er kommt zu euch als der Bettler von der Straße.

Vielleicht kommt er zu euch als der einsame Vater, als die Mutter, der Bruder oder die Schwester in eurer Familie. Seid ihr bereit, mit ihnen die Freude zu lieben zu teilen?

2/33

Auch dieser Mensch ist Jesus

Ich und auch ihr, wir werden eines Tages Jesus gegenüberstehen. Aber wir müssen keine Angst vor Jesus haben. Wenn wir die Eucharistie wirklich verstanden haben, wenn wir unser Leben um das Abendmahl kreisen lassen und es in den Mittelpunkt unseres Lebens stellen, wenn wir mit dem Abendmahl Leben nähren, dann wird es uns leicht fallen, Christus zu entdecken in dem Schmerzenskleid der Armen:

In dem, der Hunger leidet in der Wohnung gegenüber.
In dem, der auf der Straße lebt.
In jenem Alkoholkranken.
In meinem Gatten.
In meiner Frau.
Vielleicht in meinem aufsässigen Kind.

Das ist das Schmerzenskleid Jesu.
Dieser ist Jesus!

2/45

BILD JESU

Ein Journalist sagte zu Mutter Teresa: »Man hält sie für einen außergewöhnlichen Menschen, für eine Heilige.«

Dieser Satz verwirrte Mutter Teresa nicht, sie antwortete gelassen: »Ich bin nichts Besonderes. In allem erkenne ich Jesus, der sagte: ›Ich war hungrig, nackt, krank ... Was ihr ihnen tut, das habt ihr mir getan.‹«

Und sie fügte hinzu: »Ich glaube, daß ich alles, was ich tue, für Jesus tue. Daß ich, während ich beispielsweise Ihre Frage beantworte, auf Jesus erwidere. Wenn ich das nicht glauben würde, würde ich Ihnen nicht antworten ... Genauso ist es mit den Aidskranken: Für mich sind sie Jesus, der in den Ärmsten der Armen anwesend ist. Ich habe mich dazu entschlossen, Jesus in den Allerärmsten zu schauen, zu lieben und zu dienen, ich erkenne Jesus in seinem Schmerzenskleid.«

1/83

Schwester Andrea

Vor ihrer Profeß hieß sie Barbara Bonk. Sie war die erste von derzeit über hundert deutschen Missionarinnen der Nächstenliebe. Sie war Medizinstudentin in Freiburg und wollte in Kalkutta aufgenommen werden. Anlaß war ein Artikel, der 1958 in einer deutschen Zeitschrift erschienen war. Er berichtete über die Arbeit von ein paar indischen Nonnen, deren Generaloberin eine Europäerin war. Sie fühlte sich vor allem zu der Arbeit mit Leprakranken berufen.

Mutter Teresa nahm sie gerne auf und sagte auch zu ihr, was sie bei verschiedenen Gelegenheiten anderen sagte: »Schwester, deine Berufung ist es, Jesus zu gehören. Die Arbeit, die du verrichten mußt, darf nichts anderes als Mittel und Ausdruck davon sein, daß du ihm gehörst.«

So übernahm sie nach ihrem Noviziat und ihrer Profeß als Missionarin der Nächstenliebe ohne Widerspruch alle Aufgaben, die ihr der Gehorsam auferlegte. Eine davon war, in den Vereinigten Staaten, in dem New Yorker Stadtteil Bronx, der ersten Gründung der Missionarinnen der Nächstenliebe »vorzustehen«.

Als Mutter Teresa Deutschland besuchte, sprach sie ein lobendes Urteil über Schwester Andrea. Sie erzählte, was sie von jemandem in New York, wo sich Schwester Andrea befand, gehört hatte: »Wenn ich Schwester Andrea sehe, ist es, als ob ich einen Schutzengel sehe: In ihr spiegelt sich Christus wider.«

1/150

Leben – von der Eucharistie durchdrungen

Um fähig zu sein, ein solches Leben bis zum Ende führen zu können, muß jede Missionarin der Nächstenliebe ein Leben führen, das von der Eucharistie durchdrungen ist. In der Eucharistie sehen wir Christus in der Gestalt des Brotes, und in den Armen sehen wir ihn im Schmerzenskleid der Armut. Die Eucharistie und der Arme bedeuten nichts anderes als ein und dieselbe Liebe.

Um erkennen zu können, um für die Liebe bereit zu sein, brauchen wir eine tiefe Einheit mit Christus, ein inniges Gebet mit ihm. Deswegen beginnen die Schwestern ihren Tag mit der Messe, mit der heiligen Kommunion, mit der Andacht. Und wir beenden es mit der Anbetung des Allerheiligsten. Auf dieser eucharistischen Gemeinschaft bauen unsere Stärke, unsere Freude und unsere Liebe auf.

3/42

Jesus erkennen

Das Evangelium berichtet mehrmals von Aussätzigen, die Jesus heilte. Einmal machte Jesus zehn Aussätzige gleichzeitig gesund – einer von ihnen war ein Samariter. Doch nur dieser zeigte sich demjenigen dankbar, der ihn auf so wunderbare Weise geheilt hatte (Lukas 17,11).

Mutter Teresa ermahnte ihre Schwestern, Jesus in den Aussätzigen zu erkennen: sowohl in den wundersam Geheilten als auch in denen, die auch weiterhin unter ihrer Krankheit leiden.

Befriedigt stellte sie fest: »Obwohl sie durch die Krankheit entsetzlich entstellt sind und bei den Menschen Abscheu erregen, wird jede Schwester Jesus in diesem Schmerzenskleid erkennen.«

1/98

ICH HABE GOTT ENTDECKT

Ich erinnere mich an die Geschichte eines Mannes, der eines Tages in unser Haus kam. Ohne ein Wort an mich zu richten, ging er geradewegs in die Abteilung für Frauen. Er blieb neben einer Schwester stehen, die eine Frau, bedeckt mit Schmutz und Parasiten, pflegte. Er sah die Hände, das Gesicht und die Augen der Schwester an, und plötzlich wurde ihm bewußt, daß die Liebe Gottes der Schwester die Kraft für ihre Arbeit gab.

Kurz darauf kam er zu mir und sagte: »Voller Abscheu bin ich hierher gekommen, aber ich gehe und nehme Gott tief in meinem Herzen mit. Ich habe in dem Gesicht dieser Schwester, die sich um die arme Kranke kümmerte, als wäre diese Christus selbst, Gott entdeckt.«

1/90

FABIOLA, 22 JAHRE ALT

Eine Frau, die seit mehreren Jahren als Mitarbeiterin die Schwestern von Mutter Teresa in einem Haus für Bedürftige und Kranke unterstützte, erinnerte sich an eine 22jährige Frau: Seit ihrem neunten Lebensjahr hatte diese auf der Straße gelebt. Bereits in diesem Alter glitt sie in die Prostitution ab, ohne daß jemand ihr geholfen hätte, einen besseren Weg zu finden. Sie zog sich eine Leberzirrhose zu, die ihre Augen mit Traurigkeit verkrustete und die Schmerz und Leid in ihr Gesicht zeichnete. So erschien sie eines Tages im Speisesaal der Missionarinnen der Nächstenliebe. Die Krankheit war bereits weit fortgeschritten. Nach wenigen Monaten starb sie einsam, so, wie sie gelebt hatte.

Die Mitarbeiterin schloß ihre Erinnerungen folgendermaßen: »Jesus sagte: ›Sucht mich nicht unter den Toten, sondern unter den Lebenden.‹ Ich konnte den Herrn in dem Schmerz und der Einsamkeit, im Leiden und im Todeskampf der jungen Fabiola erkennen.«

1/80

Dieser Jemand ist Jesus

Einmal sagte der indische Sozialminister zu Mutter Teresa: »Mutter, eigentlich besteht kein großer Gegensatz in dem, was ich tue, und in dem, was Sie vollbringen. Doch etwas unterscheidet uns sehr: Ich arbeite für etwas, Sie dagegen für jemanden, nicht wahr?«

Mutter Teresa faßte dies ganz einfach zusammen: »Jener Politiker erkannte, daß unser Jemand Jesus ist; ein Jesus, der verborgen ist im Schmerzenskleid derjenigen, die auf den Straßen und in den Elendsvierteln unserer Städte leiden.«

1/11

Eine Geschichte des hl. Franz von Assisi

Mutter Teresa wußte sehr gut, daß die Missionarinnen der Nächstenliebe Menschen aus Fleisch und Blut sind und daß auch sie instinktive Abscheu vor verwahrlosten Menschen haben. Um ihnen zu helfen, ihre Abscheu zu beherrschen, erzählte sie ihnen folgendes Beispiel:

Der heilige Franz von Assisi begegnete einem Aussätzigen, der durch seine Krankheit furchtbar entstellt war. Erschreckt wich er zurück, doch sogleich überwand er sich und küßte dessen Gesicht.

»Daraufhin«, sagte Mutter Teresa, »fühlte Franziskus eine unbeschreibliche Freude und Schmerz gleichermaßen in sich aufkommen, während der Aussätzige Gott für seine Heilung dankte. [...] Je größer der Abscheu sein mag, dem ihr durch eure Arbeit begegnet, um so tiefer müssen der Glaube und die Liebe sein, mit denen ihr euer Werk verwirklicht. Abscheu zu empfinden ist etwas Natürliches, aber ihn zu überwinden in der Liebe zu Jesus macht uns zu wahrhaftigen Helden. Dies sehen wir auch oft in dem Leben der Heiligen: Erst indem sie dem Abscheu ihren ganzen guten Willen entgegensetzten, wurden sie zu wahrhaft Heiligen.«

1/99f

Böses mit Gutem vergelten

Wir werden geduldig sein, wenn wir beleidigt werden, und uns denen, die uns Böses zufügen, nicht widersetzen.

Wenn jemand uns auf die rechte Wange schlägt, halten wir auch die andere hin.

Wenn jemand uns etwas wegnimmt, versuchen wir nicht, es zurückzubekommen.

Wir wollen Unrecht vergeben und nicht auf Rache sinnen, sondern Böses mit Gutem vergelten, unsere Feinde lieben, für unsere Verfolger beten und die segnen, die uns verfluchen.

Wir werden den geistlich Ärmsten unter den Armen helfen zu beten. Wir beten mit ihnen und für sie, damit sie die Kraft des Gebets und die Wahrheit der Verheißung Jesu erfahren: »Bittet, dann wird euch gegeben« (Matthäus 7,7). »Alles, um was ihr in meinem Namen bittet, werde ich tun« (Johannes 14,13).

6/129

Jesu Kuss

Ich erinnere mich an einen Tag, an dem ich eine Frau besuchte, die an Krebs erkrankt war. Sie hatte furchtbare Schmerzen. Ich sagte zu ihr: »Diese Schmerzen sind nichts anderes als der Kuß Jesu. Ein Zeichen, daß du ihm so nahe am Kreuz gekommen bist, daß es ihm leichtfällt, dich zu küssen.«

Die Frau faltete die Hände und sagte: »Mutter Teresa, bitten Sie Jesus, er solle aufhören, mich zu küssen.«

Versteht ihr, Brüder? Leid, Schmerz, Demütigungen – all das ist ein Kuß von Jesus. [...] Doch das Leid muß kommen; wie es in das Leben der Muttergottes kam, wie es in das Leben Jesu kam, muß es auch in unser Leben kommen. Aber zieht nie ein langes Gesicht. Denn das Leid ist ein Geschenk, das Gott uns macht. Es ist etwas, was nur dich und Jesus betrifft.

2/36 & 6/42

Das Leid wird kommen

Das Leid wird kommen. Wenn du auf das Kreuz schaust, siehst du, wie er sein Haupt neigt, weil er dich küssen möchte, wie er seine Arme ausstreckt, weil er dich umarmen will. Er hat sein Herz weit geöffnet, um dich aufzunehmen. Wenn du dich innerlich elend fühlst, blicke auf das Kreuz, und du wirst verstehen, was geschieht. Leid, Schmerz, Enttäuschungen, Demütigungen, Einsamkeit sind nichts anderes als ein Zeichen, daß du Jesus so nahegekommen bist, daß er dich küssen kann.

Leid, das gemeinsam angenommen und getragen wird, ist Freude. Denke daran, daß das Leiden Christi immer in die Freude der Auferstehung mündet. Wenn du also in deinem Herzen das Leiden Christi fühlst, denk daran, daß die Erlösung kommen muß, die österliche Freude folgt unabweislich. Laß niemals zu, daß das Leid dich so erfüllt, daß du darüber die Freude des auferstandenen Christus vergißt.

6/41 & 4/38

Leiden – ein Werkzeug für den Frieden

Es ist ein wunderbarer Gedanke, daß es uns es möglich ist, die Freude der Liebe zu Jesus und seine Leiden mit ihm zu teilen. Laßt euch nicht vom Leiden ängstigen. Denn auch unsere Leiden wandeln sich in ein hervorragendes Werkzeug einer großen Liebe, und wenn wir sie in einer guten Art und Weise einsetzen, wird sie zum Werkzeug für den Frieden in der Welt.

Unsere Mitarbeiter sollen mit ihrer Hilfe Liebe geben. Unsere Werke der Liebe sind nichts anderes als Werke des Friedens. Laßt sie uns mit größerer Liebe und größerer Wirksamkeit tun: jeder in seinem eigenen Bereich, bei der täglichen Arbeit, zu Hause, im Umgang mit den anderen ...

Laßt uns den Frieden Gottes ausstrahlen und so sein Licht anzünden, laßt uns in der Welt und in den Herzen aller Menschen allen Haß und alles Machtstreben auslöschen.

2/36 & 4/123f

Wenn die Liebe Gestalt annimmt

Laßt uns einen Augenblick innehalten
und der Zärtlichkeit Gottes gedenken,
die er uns schenkt.
Abertausende Menschen wünschen,
diese Zärtlichkeit zu besitzen.

Damit diese Liebe konkrete Gestalt annimmt
und gleichzeitig wahrhaftiger,
liebevoller und lebendiger wird,
gibt er sich uns selbst hin,
als Brot des Lebens.

Er bietet uns sein Leben an.
Er möchte, daß wir uns gegenseitig lieben,
daß wir uns gegenseitig hingeben,
bis es weh tut.

Nicht wieviel wir geben, zählt.
Was einzig zählt,
ist die Liebe,
die in unseren Gaben steckt.

2/29

Teil der Erlösung

Ohne unser Leiden wäre unsere Arbeit nur Sozialarbeit, sehr gut und hilfreich zwar, aber sie wäre nicht die Arbeit Jesu Christi, nicht Teil der Erlösung.

Jesus wollte helfen,
indem er unser Leben teilt,
unsere Einsamkeit,
unsere Schmerzen,
unseren Tod.
Nur indem er eins mit uns wurde,
hat er uns erlöst.

Wir dürfen das gleiche tun. All das Elend der armen Leute, nicht nur ihre materielle Armut, sondern auch ihre geistige Not, muß erlöst werden. Und wir dürfen ihr Los teilen, denn nur wenn wir eins mit ihnen sind, können wir ihnen Erlösung bringen, das heißt, daß wir Gott in ihr Leben und sie zu Gott bringen.

4/33

Geben birgt in sich die Liebe

Geben tut immer ein bißchen weh. Geben ist eine konkrete Geste der Liebe. Geben birgt die Liebe in sich.

Jesus war reich, doch für euch und für mich machte er sich arm. Ich zweifle, daß ihr jemals Gott hättet lieben können, wenn Jesus nicht einer von uns geworden wäre.

Damit wir Gott lieben können, wurde er einer von uns, jedoch war er ohne Sünde. Es reichte ihm nicht, so arm wie wir zu werden. Er wurde zum Brot des Lebens. Und er sagte: »Solange ihr nicht von meinem Leib eßt und nicht von meinem Blut trinkt, könnt ihr nicht ewig leben.«

2/43

LIEBEN IM SCHMERZ

Eine zärtliche Liebe –
es ist wirklich außergewöhnlich,
mit welcher Zärtlichkeit Gott uns liebt.
Wenn wir uns dessen bewußt sind,
wird er uns beistehen,
immer ein reines Herz zu besitzen,
und er wird niemals aufhören,
uns zu lieben.

Fürchtet niemals die Liebe, die schmerzt.
Wenn wir das Kreuz ansehen, wird uns bewußt,
wie sehr uns Jesus geliebt hat.
Doch wenn wir den Tabernakel ansehen,
erkennen wir, wie sehr er uns *heute* liebt.

2/185

Es ist notwendig, heilig zu sein

Es ist äußerst notwendig für jeden von uns, heilig auf dieser Welt zu sein. Das Heiligsein ist kein Luxus weniger Menschen. Es ist eine konkrete Aufgabe für euch und für mich. Also seien wir Heilige und rühmen den Vater. Deswegen kam Jesus in die Welt. Er, der reich war, machte sich aus Liebe zu uns arm, so daß wir reich sein können und vollkommen und in alle Ewigkeit die Glückseligkeit Gottes teilen können.

Wir müssen heilig werden – nicht, weil wir uns als Heilige fühlen wollen, sondern damit Christus in Fülle in uns leben kann. Wir müssen ganz Liebe, Glaube, Reinheit sein – aus Liebe zu den Armen, denen wir dienen.

Wenn wir einmal gelernt haben, zuerst Gott und seinen Willen zu suchen, dann führen die Begegnungen mit den Armen uns und andere zu großer Heiligkeit. Heiligkeit ist Einheit mit Gott; im Gebet wie im Tun kommen wir von Gott zu Christus und gehen durch Christus zu Gott.

3/44 & 6/70

Alles geben

Wir versuchen,
allen zu helfen mit dem,
was sie benötigen.
Aber wir geben denen den Vorzug,
die diese Hilfe am dringendsten bedürfen.
Niemandem kehren wir den Rücken zu.
Wir schließen niemanden von unserem Dienst aus.
In jedem unserer Brüder sehen wir das Bild Christi, der leidet.
Wenn wir aus Notwendigkeit oder
weil wir unsere vorhandenen Kräfte beschränkt sind,
unsere Fürsorge nur einigen wenigen geben können,
ist unser Wunsch doch immer,
unsere Nächstenliebe mit so vielen wie möglich zu teilen.

2/15

Sie nahmen ihn nicht auf

Nachdem ich nun so viele Jahre unter sterbenden, kranken, verkrüppelten, körperlich und geistig behinderten Männern, Frauen und Kindern gearbeitet habe, bin ich zu einer Einsicht gelangt: Wie ich mit den Menschen in ihrem Leid mitzufühlen versuchte, ist mir aufgegangen, was Jesus empfunden haben muß, als er in sein Eigentum kam und die Menschen ihn nicht aufnehmen wollten.

Heute erscheint Christus uns in den Menschen, die unerwünscht, arbeitslos, beiseite geschoben, hungrig, nackt und heimatlos sind. Für den Staat und die Gesellschaft erscheinen sie nutzlos, und niemand hat für sie Zeit.

Du und ich müssen als Christen, die der Liebe Christi würdig sein wollen – soll unsere Liebe wahr sein –, sie ausfindig machen und ihnen helfen. Sie sind da, damit wir sie finden.

5/72

Christus in den zerschundenen Leibern

Wenn wir einen Kranken oder Bedürftigen pflegen,
berühren wir den leidenden Leib Christi.
Diese Berührung gibt uns Kraft.
Sie läßt uns das Widerstreben und
die natürlichen Empfindungen vergessen.
Wir müssen diese Menschen in tiefem Glauben anschauen,
um Christus in ihnen zu sehen.

In den zerschundenen Leibern und schmutzigen Kleidern
verbirgt sich der schönste aller Menschen.
Wir bräuchten die Hände Christi,
um diese von Leid und Schmerz gezeichneten Körper
berühren zu können.

6/25

Fastenzeit

In der Fastenzeit durchleben wir aufs neue
das Leiden Christi.
Sie sollte nicht nur eine Zeit sein,
in der Gefühle wach werden,
sondern eine Gelegenheit, uns zu ändern.
Dazu brauchen wir die Gnade Gottes, uns zu ändern.
Dazu brauchen wir die Gnade Gottes,
und wir selbst müssen Opfer bringen.
Unser Opfer ist aber nur echt,
wenn es uns etwas kostet,
weh tut und uns von allem Egoismus befreit.
Gehen wir Tag für Tag voran
durch das Mitleben der Passion Christi.

6/37

Nimm diesen Kelch von mir

Was muß Jesus empfunden haben,
als er gegeißelt und angespuckt wurde!
»Nimm diesen Kelch von mir« (Markus 14,36),
betete er in seiner Todesangst.

Der Vater kam nicht selbst zu ihm,
er sagte diesmal nicht:
»Das ist mein geliebter Sohn« (Markus 9,7),
sondern er tröstete ihn durch einen Engel.

Laßt uns beten,
daß unsere Herzen erfüllt werden
von der Hingabe Jesu,
daß wir verstehen,
was vollkommene Hingabe bedeutet.

6/43

Ein Opfer bringen

Von jeher haben die Menschen die Notwendigkeit verspürt, Gott Opfer darzubringen, doch »das Blut von Stieren und Böcken kann unmöglich Sünden wegnehmen« (Hebräer 10,4).

Deshalb mußte Jesus Christus ein anderes Opfer darbringen: sich selbst. Jesus, der am Kreuz stirbt, ist unser Opfer.

Denken wir nicht, die heilige Messe sei nur ein Gedächtnis. Nein, sie ist auch das Opfer, das Jesus am Kreuz darbrachte.

Es ist sehr tröstlich, daß dieses Opfer auch unser Opfer ist.

6/71

Leiden, das teilnimmt

Leiden an sich ist nichts;
aber Leiden, das teilnimmt an der Passion Christi,
ist ein große Gabe.
Ja, es ist das größte Geschenk für den Menschen,
daß er am Leiden Christi teilhaben kann;
es ist ein Geschenk für den Menschen,
daß er am Leiden Christi teilhaben kann;
es ist ein Geschenk und Zeichen seiner Liebe,
denn dadurch hat der Vater bewiesen,
daß er die Welt liebt,
indem er seinen Sohn für uns dahingab.

4/32

PRÜFEN WIR UNSER GEWISSEN

Während der Fastenzeit sollen wir besonders das Leiden unseres Herrn betrachten und nachempfinden. Prüfen wir unser Gewissen, um zu sehen, durch welche Sünden wir Jesu Schmerz verursacht haben.

Um meine Schuld wiedergutzumachen und seinen Schmerz zu teilen, will ich meine Buße verdoppeln.

Ich will gut über meine Augen wachen.

Ich will darauf achten, daß meine Gedanken rein sind.

Ich will die Kranken mit größerer Freundlichkeit und aufrichtigem Mitleid pflegen.

Ich will das Schweigen des Herzens mit größerer Sorgfalt einhalten, so daß ich Jesu tröstende Worte vernehmen und ihn dann in den Armen trösten kann, hinter deren Leid er sich verbirgt.

Ich will in der Beichte bekennen, wenn ich die Bußübungen vernachlässigt habe.

6/38

So wie mich der Vater geliebt hat

Gott liebte die Welt so sehr, daß er seinen Sohn hingab.

Jesus sagte: »So wie mich der Vater geliebt hat, so liebe ich euch. Liebt einander, so wie ich euch liebe.«

Das Geschenk kam vom Vater, das Geschenk kam vom Sohn, und nun ist es unser. Christus hat sich mit den Hungrigen, den Kranken und den Nackten gleichgestellt.

Genauso wie dem Hungrigen mangelte es ihm nicht nur an Brot, sondern auch an Liebe, an Fürsorge: Er gleicht ihnen in ihrem Wunsch, für jemanden bedeutsam zu sein.

Genauso wie dem Nackten mangelte es ihm nicht nur an Kleidung, sondern auch an Barmherzigkeit, die nur sehr wenige Menschen Fremden geben können.

Genauso wie dem Obdachlosen mangelte es ihm nicht nur an einem Haus aus Stein und Zement, sondern auch an einem Menschen, der für einen da ist.

3/46

Von der Passion zur Auferstehung

Denkt daran, daß die Passion Christi immer zur Freude der Auferstehung führt. Wenn ihr in eurem Herzen das Leiden Christi spürt, denkt daran, daß die Auferstehung kommen wird. Die Freude von Ostern ist nahe. Vergeßt auch in eurem Leid nie die Freude des auferstandenen Christus.

Möge die Freude des auferstandenen Christus mit euch sein und euch erfüllen. Der gute Gott hat sich selbst uns geschenkt. »Ich verkünde euch eine große Freude«, sagte der Engel in Betlehem (vgl. Lukas 2,10).

Jesus wollte in seinem irdischen Leben seine Freude mit den Aposteln teilen: »... damit meine Freude in euch ist« (Johannes 15,11).

Freude war die Losung der ersten Christen. Wie oft wiederholt der heilige Paulus: »Freut euch im Herrn zu jeder Zeit! Noch einmal sage ich: Freut euch!« (Philipper 4,4; vgl. 2 Korinther 13,11; Philipper 3,1).

6/45

Osterfreude

Denk daran, daß die Passion Christi immer in die Freude über die Auferstehung Christi mündet.

Denk daran, wenn du das Leiden Christi im Herzen spürst, daß die Auferstehung unaufhaltsam kommt, die Osterfreude heraufzieht.

Laß dich von nichts so sehr betrüben, daß du darüber die Freude des auferstandenen Christus vergißt.

Wir alle sehnen uns nach dem Himmel, wo Gott ist. Wir haben es in der Hand, hier und jetzt bei ihm im Himmel zu sein, in diesem Augenblick mit ihm glücklich zu sein.
Mit ihm jetzt glücklich sein
heißt lieben, wie er liebt,
helfen, wie er hilft,
geben, wie er gibt,
dienen, wie er dient,
retten, wie er rettet.

4/124

APRIL

Die Liebe stirbt nicht

Die Passion Christi teilen

Eine Frage an Mutter Teresa lautete:
»Was ist für Sie Leiden?«
Sie antwortete: »Die Passion Christi teilen.«

Wir beten oft: Laß mich deinen Schmerz mit dir teilen.
Wir möchten die Braut des gekreuzigten Jesus sein.
Doch wenn uns eine lieblose Bemerkung wie ein kleiner Splitter
oder ein Dorn der Rücksichtslosigkeit trifft,
dann vergessen wir schnell, daß dies der Moment wäre,
in dem wir seine Schmach und seinen Schmerz teilen könnten.

1/13 & 6/38

Christus nahe sein

Vor kurzem weihten wir unser erstes Haus für Aidskranke in New York ein. Einer der Patienten mußte ins Krankenhaus verlegt werden. Als ich ihn besuchte, sagte er: »Mutter Teresa, Sie sind meine engste Vertraute. Ich möchte gerne mit Ihnen alleine sprechen.«

Er hatte 25 Jahre lang ohne Gott gelebt. Was glaubt ihr, sagte er nach so langer Zeit?: »Wenn ich heftige Kopfschmerzen verspüre, vergleiche ich sie mit denen Jesu, die er durch seine Dornenkrone erleiden mußte. Wenn der Schmerz im Rücken unerträglich wird, denke ich an die Peitschenhiebe, die er erhielt. Die Schmerzen in Händen und Füßen erinnern ich mich an die Nägel, mit denen Jesus ans Kreuz geschlagen wurde. Mutter Teresa, bitte bringen Sie mich in Ihr Haus. Ich möchte in Ihrer Nähe sterben.«

Ich erhielt die Erlaubnis, ihn wieder zurückzuholen. Ich war mit ihm in der Kapelle. Niemals habe ich jemanden zu Jesus mit solcher Zärtlichkeit und Liebe sprechen gehört wie er. Nach drei Tagen starb er.

1/116

Glaubt an die Liebe

Glaubt an seine Liebe und seid gläubig.
Schaut das Kreuz an, und ihr werdet sehen,
daß er sich hinabbeugt, um euch zu küssen.
Seht seine ausgebreiteten Arme, um uns zu umfangen.
Seht sein offenes Herz, um uns Schutz zu bieten.
Fürchtet euch nicht: Er liebt uns
und er will, daß wir uns gegenseitig lieben.
Obwohl wir arm und Sünder sind, liebt er uns.

Seine Liebe ist beständig,
und wir alle dürfen an seine Liebe glauben.
Wenn wir daran glauben, wird es uns nicht schwerfallen,
ihn in den Armen,
auch in denen bei uns zu Hause,
wiederzufinden.

3/62

Im Tod Frieden und Versöhnung finden

Einmal fragte ein Journalist Mutter Teresa: »Mutter Teresa, glauben Sie wirklich, daß der Tod etwas Wunderbares ist?«

Sie antwortete ihm: »Es gibt nichts traurigeres als den Tod eines geliebten Menschen. So viele auch in Nirmal Hriday sterben, alle sterben sie in Frieden. Ich glaube, der Tod ist die Krönung des Lebens. In Frieden und Versöhnung zu sterben, das öffnet uns die Türen zur Ewigkeit mit Gott.«

Unsere wertvollsten Zeugen vor Gott sind die Menschen, die in unserem Haus der Sterbenden heimgegangen sind. Über 40 000 sind hier gestorben und finden sich bei Gott wieder. Nun bitten sie für uns und unsere Arbeit. Ihr Gebet ist der Garant für die Wirksamkeit unseres Werkes.

1/160 & 1/154

»Ich fürchte den Tod nicht, ich erwarte ihn«

Bereits in hohem Alter und in schlechter körperlicher Verfassung fragte jemand Mutter Teresa, ob sie Angst vor dem Tod habe.

Sie erwiderte, daß sie für eine derartige Furcht keinen Grund sehe, sei sie doch Zeuge so vieler Sterbenden gewesen.

Und sie bekräftigte nachdrücklich:
»Sterben ist nach Hause zurückkehren, mit Gott.
Von dort kommen wir, und dahin gehen wir.
Ich habe nicht nur keine Angst,
sondern erwarte den Tod voller Hoffnung.«

1/160

Tod ist Heimgang

Tod ist Heimgang, aber die Leute fürchten sich vor dem Kommenden, so daß sie nicht sterben wollen. Wenn wir es aber wollen, wenn es keinen Zweifel mehr gibt, werden wir uns nicht fürchten.

Es ist auch eine Frage des Gewissens: »Ich hätte es besser machen können.« Viele sterben, wie sie gelebt haben. Der Tod ist nichts anderes als eine Fortsetzung des Lebens, seine Vollendung ...

Dieses Leben ist nicht das Ende: Wer glaubt, es sei das Ende, fürchtet den Tod. Wenn man die Menschen überzeugen könnte, daß der Tod nichts anderes ist als der Heimgang zu Gott, gäbe es keine Furcht mehr.

4/38

Der Leib Christi

Ein Journalist sagte zu Mutter Teresa: »Um sich um Leprakranke zu kümmern, um Sterbenden zu helfen, braucht man viel Mut.«

Mutter Teresa antwortete ihm: »Ja, um den übelriechenden Körper eines Sterbenden anzufassen, würde mir der Mut fehlen – wenn ich nicht überzeugt wäre, den Leib Christi zu berühren, so wie ich ihn in der Eucharistie empfange.«

Voller Zärtlichkeit und Liebe sagt Jesus, der sich uns in der heiligen Kommunion schenkt: »Mein Fleisch ist wirklich eine Speise, und mein Blut ist wirklich ein Trank. Wer mein Fleisch ißt und mein Blut trinkt, der bleibt in mir, und ich bleibe in ihm« (Johannes 6,55f).

Könnte Jesus mehr für mich tun, als mir sein Fleisch zur Speise zu geben? Nein, selbst Gott könnte nicht mehr tun, er könnte mir keine größere Liebe erweisen.

1/9 & 6/72

Passion Christi – verwandelt in Realität

Im Leiden erschien das Antlitz Jesu wie das eines Leprakranken. Wenn ich einen Leprakranken sehe, denke ich an die Passion Christi, der wiedergekommen ist, um unter ihnen zu leben. Sie sind etwas Wunderbares, sie leben ohne Bitternis.

Zur Zeit betreuen wir 53 000 Leprakranke in Indien. Es ist etwas Wunderbares zu sehen, wie diese Menschen weiterleben wollen. Wir gründen Rehabilitationszentren. Sie haben ihre eigenen Einkünfte, ihre eigenen Schulen, sie gehen ihrer eigenen Arbeit nach und führen ein normales Leben. Das hat ihnen ein neues Leben gegeben und ihnen neue Freude in ihr altes Leben gebracht. Auch fühlen sie sich dadurch als geliebte Kinder Gottes. Wir haben Rehabilitationszentren im Jemen, wo uns die Regierung Gebiete gegeben hat, und auch in Äthiopien und in Tansania.

Wo immer sich auch die Schwestern befinden, zuerst versuchen sie, sich über die Situation klar zu werden und herauszufinden, wo die Leprakranken sind, die Armen und diejenigen, die sich selber nichts wert sind. Es schenkt uns eine große Freude, unter ihnen zu sein, denn dies ist die Passion Christi, verwandelt in Realität.

3/163f

Jesus starb am Kreuz

Wenn wir das Gebet in unser Leben aufnehmen,
gibt es, glaube ich, keinen Grund mehr,
sich um euch zu ängstigen, um euch zu fürchten,
keinen Grund, besorgt und unruhig zu sein.

Ich bin überzeugt,
die Liebe Christi wird euch durchdringen
und euch Kraft geben.
Dafür starb er am Kreuz.
Seht das Kreuz an.
Ich bin überzeugt,
in euren Familien fehlt das Kreuz nicht.
Seht das Kreuz an.
Seid euch bewußt,
daß er euch liebt und daß er mich liebt.
Denn wir gehören ihm an.
Denn Gott hat uns nach seinem Bild geschaffen:
um zu lieben und um geliebt zu werden.

3/101

GOTT IST DER VATER, DER VERGIBT

Gott ist der Vater, der vergibt.
Seine Barmherzigkeit ist größer als unsere Sünde.
Er wird sie uns vergeben.
Laßt uns diese Sünde niemals wieder begehen.
Überall gibt es unendlich viele Menschen,
die hungrig nach Gott sind.
Wenn wir beten,
können wir zu der Liebe und Güte Gottes werden
für all diejenigen, denen wir begegnen.
Und warum?
Weil er da ist,
und dies erlaubt uns,
uns den anderen hinzugeben.

3/104

BEICHTEN STÄRKT DIE SEELE

Die Beichte stärkt die Seele. Eine gute Beichte – die Beichte eines Kindes, das gesündigt hat und zu seinem Vater zurückkehrt – bringt immer Demut hervor; und Demut ist Stärke.

Wir können beichten, sooft wir wollen und bei wem wir wollen; aber das sollte uns nicht dazu verleiten, an jeder beliebigen Quelle geistliche Führung zu suchen.

Die Beichte ist nicht der Ort für überflüssige Unterhaltungen und unnützes Gerede. Es geht um meine Sünden, meine Reue und die Vergebung; es geht um die Frage, wie ich meine Versuchungen überwinden, die Tugenden leben und in der Liebe zu Gott wachsen kann.

6/19

»Ich liebe dich«

Wir haben mehr als 27 000 Menschen
von den Straßen Kalkuttas geholt.
Sie kommen zu uns,
wir nehmen sie auf und
bringen sie in unser Haus.
Sie sterben mit solcher Gelassenheit!
Sie sterben andächtig mit Gott!

Bis zum heutigen Tag haben wir
keinen Mann und keine Frau erlebt,
die – die Schwestern sind Zeugen –
keinen Wert darauf gelegt haben,
zu Gott zu sagen:
Ich bereue.
Niemand weigerte sich zu sagen:
Mein Gott, ich liebe dich.

3/52

Inbegriff reiner Liebe

Gott ist der Inbegriff der Reinheit, und nichts Unreines findet vor seinem Angesicht Gefallen. Dennoch glaube ich nicht, daß Gott hassen kann, weil Gott die Liebe ist und er uns trotz unseres Elends und unserer Sünden liebt. Gott ist ein liebender Vater, unser Vater, und wir brauchen uns nur an ihn zu wenden.

Gott kann nicht hassen; Gott liebt, denn er ist die Liebe; aber die Unreinheit ist eine Schranke, die uns daran hindert, ihn zu sehen. Es handelt sich dabei nicht nur um die Sünde der Unreinheit, sondern um alles, was uns ganz in Besitz nimmt, uns von Gott zurückhält, um alles, was uns Christus weniger ähnlich werden läßt; auch jede Abneigung, jede Lieblosigkeit ist Unreinheit.

Wenn wir voller Sünde sind, kann Gott uns nicht erfüllen, da selbst Gott nicht auffüllen kann, was schon voll ist. Deshalb bedürfen wir der Vergebung, um wieder fähig zu werden, daß er in uns eindringen und uns mit sich selbst erfüllen kann.

4/58

Die Liebe zu den Mitmenschen

Ein Aspekt der Liebe Mutter Teresas zu ihren Mitmenschen zeigt sich darin, daß ihre Zuneigung uneingeschränkt ist.

Ihre große Liebe für die Ärmsten der Armen schließt jedoch die Liebe für die Reichen nicht aus, denn alle sind Kinder Gottes. Die Reichen können auf eine tragische Art bedürftiger sein als die Armen.

Mutter Teresa kann auf Könige, Fürsten und Präsidenten offen zugehen, wie sie es schon häufig getan hat, beseelt von einer aufrichtigen Liebe und Freundschaft, dankbar für die Hilfe, die sie von ihnen für die Armen erhalten hat.

Anschließend geht sie hin und schenkt ihre Liebe, ihren Trost und eine sanfte Liebkosung den Kindern, den Sterbenden, den Aussätzigen und jeglichen anderen Menschen, die am Rande und verachtet von dieser Welt leben.

1/145

In Liebe aufgewachsen

Der Zweck unseres Ordens ist es, Gott und seine Liebe in die Häuser der Ärmsten der Armen zu tragen – ungeachtet ihrer ethnischen Abstammung und ihres Glaubens.

Nicht der Glaube, sondern die Not veranlaßt uns zur Hilfe. Wir versuchen nie, die Leute, die unsere Hilfe erhalten, zum Christentum zu bekehren. Mit unserer Arbeit jedoch sind wir Zeugen der Liebe Gottes. Und wenn Katholiken, Protestanten, Buddhisten oder Ungläubige aus diesem Grund bessere Menschen werden, sind wir zufrieden.

So in Liebe aufgewachsen, werden sie Gott näher sein und können ihn in seiner ganzen Güte finden.

5/56

Führe mich...

Führe mich vom Tod zum Leben,
von der Falschheit zur Wahrheit;

Führe mich von der Verzweiflung zur Hoffnung,
von der Angst zum Vertrauen;

Führe mich vom Haß zur Liebe,
vom Krieg zum Frieden;

Erfülle mit Frieden unsere Herzen,
unsere Welt, unser Universum.

Gebet um den Frieden von Satish Kumar
4/126

Ich besitze einen Schatz

Ich möchte euch gerne den Schatz geben,
den ich besitze.
Aber es liegt nicht in meinen Händen,
ihn jemandem zu geben,
denn er ist ein Geschenk Gottes.

Was ich euch anbieten kann,
ist die Möglichkeit,
Werke der Liebe zu verwirklichen.
Dadurch nähert ihr euch Gott,
denn durch das Werk der Liebe kommt ihr ihm näher.

Wenn Gott zu euch kommt und ihr auf Ihn zugeht,
dann habt ihr die Gelegenheit,
ihn an- und aufzunehmen oder ihn zurückzuweisen.
Ihn anzunehmen ist das Geschenk des Glaubens.

3/93

Jesus schauen in einem Sterbenden

Folgende Geschichte erzählte Mutter Teresa:

Meine Schwestern fanden in Bombay einen schwerkranken Mann und brachten ihn in unser Haus. (In Bombay haben wir ein großes Haus, das uns eine internationale Firma geschenkt hat und das wir zu einem Ort für Sterbende gemacht haben. Dorthin brachten sie jenen Mann.)

Die Schwestern pflegten, wuschen ihn und schenkten ihm ihre größte Zuwendung. An seinem Rücken entdeckten sie offene Wunden, durch die man die nackten Knochen sehen konnte.

Eine Schwester sagte mir, daß sie noch nie einen Menschen gesehen hätte, in dessen Miene sich eine so große Dankbarkeit widerspiegelte wie in derjenigen des Sterbenden.

Darauf fragte ich die Schwester: »Was hast du empfunden, als du den Schmutz von seinem Körper gewaschen hast?«

Die Schwester sah mich an und sagte: »Mutter, noch nie habe ich die Gegenwart Christi näher gespürt als zu diesem Zeitpunkt. Niemals erschien mir das Wort Jesu ›*Ich war krank, und du hast mich geheilt*‹ wahrer. Ich hatte das Gefühl, in jenem Sterbenden das Antlitz Jesu zu erkennen.«

1/7

Über die eigennützige Liebe

Liebe kann eigennützig mißbraucht werden: Ich liebe jemanden, aber gleichzeitig möchte ich von ihm soviel wie möglich haben, selbst Dinge, die zu nehmen mir nicht anstehen. Das ist keine wahre Liebe mehr.

Wahre Liebe tut weh. Sie muß immer weh tun. Es muß schmerzhaft sein, jemanden zu lieben; schmerzhaft, ihn zu verlassen, man möchte für ihn sterben. Wenn Menschen heiraten, müssen sie alles aufgeben, um einander zu lieben ...

Genauso ist es im religiösen Leben. Um Gott anzugehören, müssen wir alles aufgeben. Nur dann können wir wahrhaft lieben.

4/21

Über die Liebe

Die Liebe braucht keine andere Botschaft als sich selbst.
Wir bemühen uns, die Liebe Christi ganz konkret zu leben,
in jeder unserer Handlungen, jeden Tag.
Unsere Predigt besteht in Taten, nicht in Worten.
Das ist unser Zeugnis vom Evangelium.

Geld ist nützlich, doch das Wesentliche ist die Liebe,
die Zuwendung, die Fürsorge,
die man den Mitmenschen zukommen läßt.

Die Liebe muß im Schoß der Familie beginnen,
mit denjenigen, die um uns sind.

2/22

Christi Liebe

Jesus liebt euch.
Jesus liebt mich.
Jesus liebt das ungeborene Kind.

Woher wissen wir, daß Jesus uns liebt?
Seht einfach nur das Kreuz an!

Seine Hände bleiben ausgebreitet,
um uns zu umarmen.
Sein Haupt bleibt gebeugt,
um uns zu küssen.
Sein Herz bleibt geöffnet,
um uns aufzunehmen.

3/98

Die Wünsche Sterbender

Mutter Teresa erzählte:

In Nirmal Hriday stirbt niemand hoffnungslos,
verzweifelt, ohne Zuwendung, unterernährt,
ohne sich geliebt zu fühlen.
Deswegen ist Kaligath für mich
die geheime Schatzkammer Kalkuttas.

Wir versorgen die Sterbenden mit dem,
was sie sich wünschen –
gemäß ihrem Glauben.
Manche bitten um Wasser aus dem Ganges,
andere um geweihtes Wasser.
Einige wollen nur ein paar Worte, ein Gebet.
Wir versuchen, ihnen das zu geben, um das sie bitten.
Manchmal ist es nur ein Apfel, ein Stückchen Brot, eine Zigarette.
Andere haben nur den Wunsch,
daß jemand bei ihnen sitzt.

1/111

Seht das Kreuz

Wenn wir das Kreuz ansehen, erkennen wir,
wie sehr Jesus uns geliebt hat.
Wenn wir den Tabernakel anschauen,
wird uns bewußt, daß er uns auch heute noch liebt.
Deswegen ist es vor allem wichtig,
daß wir beten lernen, vorausgesetzt,
daß wir wahrhaft lieben und geliebt sein wollen.

Lehren wir unsere Kinder zu beten,
und beten wir mit ihnen.
Denn der Glaube ist die Frucht des Gebetes.

Das Gebet läßt uns sagen: »Ich glaube.«
Und die Frucht des Glaubens ist die Liebe.

Der Glaube läßt uns sagen: »Ich liebe.«
Und die Frucht der Liebe ist der Dienst.

Die Liebe läßt uns sagen: »Ich möchte dienen.«
Und die Frucht des Dienstes ist der Friede.

3/125

Unter den Augen Gottes

Der einfache und zugleich starke Glaube, den ihre Eltern ihr gegeben hatten, verließ weder die junge Gonxha und noch weniger Mutter Teresa. Nie in Frage gestellt von intellektuellen oder philosophischen Einwänden, glaubte sie ohne den Schatten eines Zweifels an die Existenz Gottes.

Der Glaube war für sie eine Selbstverständlichkeit, etwas so Natürliches und wenig Fragwürdiges wie das Wasser oder die Sonne.

Zuerst Gonxha, später Mutter Teresa für immer, lebte sie seit ihrer Kindheit unter den Augen Gottes. Diese Gewißheit verließ sie niemals.

1/81

LEHRMEISTER DER LIEBE

Folgende Geschichte erzählte Mutter Teresa:

Eine Familie aus Venezuela bot uns kostenlos ein Grundstück an, um darauf ein Waisenhaus zu bauen. Als ich bei dieser Familie vorbeiging, um mich bei ihnen zu bedanken, stellte ich fest, daß ihr Sohn stark behindert war.

»Wie heißt er?« fragte ich die Mutter.

»Lehrmeister der Liebe«, antwortete sie mir. »Dieser Sohn lehrt uns ununterbrochen Liebe zu geben, allein durch die Möglichkeit, ihn lieben zu dürfen.«

1/83

AUCH DIES EIN ZEICHEN DER LIEBE

Bei der Vergabe des Preises »For *Progreß in Religion*« sagte dessen Stifter, John Templeton, mit diesem Preis »einen Beitrag für die wachsende Liebe und die Erkenntnis Gottes durch den Menschen« leisten zu wollen.

Bei der Preisverleihung am 25. April 1973 erklärte er, den Preis habe »eine Person erhalten, die geholfen hat, die Liebe und die Erkenntnis Gottes zu verbreiten. [...] Wichtig ist der Vorschub im religiösen Leben ebenso wie bei Erfahrungen und Verhalten des menschlichen Lebens. Unerläßlich ist das Voranschreiten in der Religion gemäß den vorhandenen Bereichen. Eine Welt, die sich weiter öffnet, erfordert die Wahrnehmung, über die der Mensch verfügt, von einem tieferen Bewußtsein des Geistes und der spirituellen Quellen der Größe Gottes und seiner unendlichen Liebe.«

Diese Person war niemand anderes als Mutter Teresa, die erste Preisträgerin. Die Jury bestand aus neun Mitgliedern, die die größten Weltreligionen vertraten: Buddhismus, Hinduismus, Islam, Judentum, Christentum (Katholiken, Protestanten, Methodisten, Anglikaner ...)

1/135

Mehr als nur eine Ziffer

Wir sind mehr als nur eine Ziffer in der Welt.
Aus diesem Grunde ist es herrlich,
die Gegenwart jenes noch nicht geborenen Kindes
als Geschenk Gottes zu erkennen.
Das größte Geschenk Gottes an eine Familie ist das Kind,
denn es ist die Frucht der Liebe.
Welch wunderbarer Gedanke,
daß Gott es gewesen ist, der das Kind geschaffen hat!

Genauso herrlich ist der Gedanke,
daß Gott auch dich und mich geschaffen hat.
Ebenso wie den Allerärmsten auf der Straße,
den Hungrigen, den Zerlumpten.
Alle hat er nach seinem Ebenbilde geschaffen:
um zu lieben und um geliebt zu werden.

2/96

Brot statt Blumen

Viele glauben, Spenden seien wie Fürbitten für sich selbst. Oder andere machen ihre milde Gabe zu einem Anschauungsobjekt für ihre Güte. Ob dies nun für unser Seelenheil notwendig ist, bleibt dahingestellt.

Eine deutsche Mitarbeiterin von Mutter Teresa fühlte ihren Tod nahen, und sie verfügte, weder Blumen noch Kränze für ihre Beerdigung zu senden, sondern das gesparte Geld den Armen von Mutter Teresa zugute kommen zu lassen. So konnten fast dreitausend Mark von den Missionarinnen der Nächstenliebe für Brot, Gemüse und Fleisch für die Armen der Stadt Essen verwendet werden, anstelle welkender Kränze und Blumen und eines Sarges bei der Beerdigung dieser Frau.

1/142

Liebe fordert Opfer

Wir müssen lieben,
mit derselben Liebe und Opferbereitschaft wie Jesus.
Gott hat uns geliebt, indem er sich uns geschenkt hat.
Maria hat uns geliebt, indem sie dorthin gegangen ist,
wo Jesus sich aufhielt.
Jesus hat uns geliebt, indem er sein Leben hingab,
indem er seinen Leib in das Brot des Lebens verwandelte.

Auch wir müssen uns hingeben:
Wir müssen uns gegenseitig schenken.
Aus diesem Grund müssen wir jegliche Beeinflussung unserer gegenseitigen Hingabe zurückweisen, es als etwas Gefährliches abwehren, als etwas, das zu zerstören droht.

Ich glaube, alles was sich zwischen uns stellt und uns zerstören will, kann nicht von Gott kommen.

3/81

Wir können mit dir auferstehen

Herr, hilf uns, daß wir die Beschwernisse und Qualen
des täglichen Lebens ertragen lernen
und uns an deinem Tod am Kreuz und deiner Auferstehung
aufrichten,
so daß wir zu immer größerer und schöpferischer Fülle
des Lebens gelangen.
Du hast die Tiefen des menschlichen Lebens
wie auch die Pein deines Leidens
und deiner Kreuzigung geduldig und demütig angenommen.
Hilf uns, daß wir die Mühen und Schwierigkeiten,
die uns jeder Tag neu bringt,
als willkommene Gelegenheit annehmen,
als Mensch zu wachsen und dir ähnlicher zu werden.
Mach uns fähig, sie geduldig und mutig zu bestehen,
und stärke in uns das Vertrauen auf deinen Beistand.
Indem wir mit dir sterben, können wir mit dir auferstehen.

4/48

MAI

Gottes eine Welt

So viele Menschen, so gleich sie alle

Es gibt im Grunde keinen großen Unterschied
unter den Ländern,
denn überall begegnet man den gleichen Menschen.
Sie mögen zwar anders aussehen
und verschieden gekleidet sein,
mögen anders erzogen sein und andere Ansichten haben:
Doch im Grunde sind sie alle gleich.

Alle sind Menschen,
die geliebt sein wollen und nach Liebe hungern.

4/83

»Ich hoffe auf die Bekehrung der Herzen«

Ich hoffe auf die Bekehrung der Herzen. Nicht einmal Gott, der Allmächtige, kann jemanden bekehren, der nicht will. Wir alle versuchen, mit unserem Dienst am Menschen Gott näherzukommen. Wenn wir Gott in unser Leben aufnehmen, indem wir ihm von Angesicht zu Angesicht gegenübertreten, dann bekehren wir uns.

Wir werden ein besserer Hindu, ein besserer Moslem, ein besserer Katholik, besser, was auch immer wir sein mögen, und indem wir besser werden, kommen wir ihm immer näher. Wenn wir ihn voll in unser Leben aufnehmen, dann ist das Bekehrung.

Auf welche Weise ich den Zugang zu Gott suche? Nun, ich versuche es natürlich als Katholikin, Sie vielleicht als Hindu, jemand anderer als Buddhist, jeder nach dem eigenen Gewissen.

Was Gott in Ihrem Herzen ist, das müssen Sie annehmen. Aber ich kann es nicht verhindern, daß ich versuche, Ihnen zu geben, was ich habe.

5/51

UNSERE ARBEIT SOLL GEBET SEIN

Die Welt hungert heute nicht nur nach Brot, sondern auch nach Liebe. Die Menschen hungern danach, angenommen und geliebt zu werden. Sie hungern danach, die Gegenwart Christi zu spüren. In vielen Ländern haben die Leute alles außer dieser Gegenwart; sie haben keinen Zugang dazu. Durch unser Gebetsleben und unser Opfer können wir ihnen die Liebe Christi bringen.

Wir sind kontemplative Menschen, um diese *Gegenwart* zu sein, das Brot Gottes, das gebrochen wird.

Die Menschen hungern nach dem Wort Gottes, das Frieden, Einheit und Freude schenkt. Aber ihr könnt nicht geben, was ihr nicht habt. Deshalb ist es notwendig, das Gebetsleben zu vertiefen.

Laßt euch von Jesus ergreifen, laßt ihn mit euch und durch euch beten. Dann werdet ihr wahrhaft kontemplative Menschen mitten in der Welt sein.

6/85f

Beten lehren

Heutzutage versuchen viele, Gott auszulöschen, aus ihrem Leben auszuschließen, ihn von den Alltäglichkeiten des menschlichen Lebens zu trennen, indem sie Leben zerstören, beispielsweise durch die Abtreibung oder durch die Euthanasie. Sie wollen die Gegenwart Gottes aus dem Alltäglichen des menschlichen Lebens heraushalten.

Die Aufgabe, die euch gestellt wird, ist, die Gegenwart Gottes fühlen zu lassen, die Gegenwart Gottes bekannt zu machen, die Gegenwart Gottes geliebt werden zu lassen. Ihr müßt die Menschen führen und ihnen den Weg zum Frieden, zur Freude und zur Liebe zeigen.

Doch wie kann es euch gelingen, den Menschen diese Wege zu zeigen, wenn ihr sie nicht beten lehrt? Das Gebet verlangt ein reines Herz, und ein reines Herz ist fähig, Gott zu erkennen. Wenn man Gott erkennt, wird man ihn selbstverständlich lieben.

Ob es nun ein Bettler oder ein Fürst ist, eine wichtige Persönlichkeit oder eine weniger wichtige, es ist immer Gott, den wir in ihnen sehen.

2/81

Was ist ein Kommunist?

Wir müssen uns immer wieder fragen: »Kenne ich wirklich die Freude, die uns die Liebe gibt?« Denn die wahre Liebe ist die, die mit Leid und Schmerz zu uns kommt. Deswegen müssen wir zu Gott beten und ihn um Kraft für diese Liebe bitten. Denn derjenige, der ein reines Herz besitzt, zeigt uns Gott und hilft uns, ihn in unserem Nächsten zu entdecken.

Dann ist es nicht mehr wichtig, zu welcher politischen Partei jemand gehört, welche Hautfarbe jemand besitzt oder welche Sprache jemand spricht: Wir alle sind Brüder und Schwestern.

1985 lud mich die kommunistische Regierung Chinas ein, ihr Land zu besuchen. Einer der Regierenden fragte mich: »Was ist für Sie ein Kommunist?« Ich antwortete ihm: »Ein Kommunist ist ein Sohn Gottes. Einer meiner Brüder und Schwestern.«

2/55

AUF KUBA

Von ihrem Besuch auf Kuba und ihrer Begegnung mit Fidel Castro erzählte Mutter Teresa folgende Geschichte:

Fidel fragte sie: »Sagen Sie mir, Mutter, welche Vorstellung haben Sie von der Arbeit, die die Schwestern auf Kuba verrichten sollen?«

»Die Schwestern kommen, um sich um die Ärmsten der Armen zu kümmern«, antwortete ihm Mutter Teresa.

»Aber hier, nach der Revolution, existiert diese Klasse der Armen nicht mehr. Hier, der Revolution sei Dank, haben alle Arbeit, und jeder Kubaner hat das Lebensnotwendige. Unsere medizinische Versorgung und die Alphabetisierung gehören zu den besten der Welt«, fuhr Fidel Castro nachdrücklich fort.

»Sehr schön, Herr Präsident. Aber gibt es hier keine Menschen, die alleine sind, Kinder, die von ihren Eltern verlassen wurden, ledige Mütter mit ihren Kindern, alte Menschen ohne Familie und Alkoholkranke? Keine Straffälligen, die nach Abbüßung ihrer Haftzeit nicht wissen, wohin sie gehen sollen?«

»Wollen Sie damit sagen, Mutter, daß Sie und Ihre Schwestern sich um solche Personen kümmern?!« antwortete Fidel Castro überrascht.

»Genau, Herr Präsident. Denn auch diese Menschen sind Kinder Gottes.«

»Dann, Mutter, kommen Sie. Im Namen der Revolution und des kubanischen Volkes heiße ich Sie herzlich willkommen.«

1/76

ARGWÖHNISCHE FRAGEN

Der Minister des Kaiserlichen Hofes in Addis-Abeba stellte mir ein paar argwöhnische Fragen:

»Was erwarten Sie von der Regierung?«

»Nichts, ich bin nur gekommen, um meinen Schwestern zu zeigen, wie sie den Armen und Leidenden helfen können.«

»Was werden Ihre Schwestern tun?«

»Wir dienen freiwillig und ohne Gegenleistung den Ärmsten der Armen.«

»Was für Kenntnisse und Fähigkeiten können Sie vorweisen?«

»Wir versuchen, den Ausgestoßenen und Liebebedürftigen Verständnis, Liebe und Barmherzigkeit zu bringen.«

»Predigen Sie zu den Leuten und versuchen Sie, sie zu bekehren?«

»Unser Liebeswerk macht den Armen die Liebe Gottes zu ihnen deutlich.«

4/93

Nie eine schlecht Meinung von Menschen haben

Menschen aller Nationalitäten sind in unserer Gemeinschaft willkommen. Auch in dieser Hinsicht – wie in jeder anderen – möchten wir Kinder unserer Mutter Kirche sein.

Nationalismus ist unvereinbar mit unseren Konstitutionen; wir würden dem Geist unserer Berufung untreu.

Deshalb sollten wir nie eine schlechte Meinung von Leuten haben, die einer anderen Nation angehören; das zeugt von einem großen Mangel an Liebe.

6/120

Die ganze Welt sucht nach Liebe

Die Welt ist voller Menschen verschiedener Hautfarben
und Religionen,
manche gebildeter als andere,
manche reicher als andere.

Doch im Grunde sind alle gleich.
Alle wollen und sind darauf angewiesen,
geliebt zu werden.
Die Bewohner Kalkuttas haben materiellen Hunger.
Doch die Bewohner von Madrid, London, Paris, New York ...
haben auch eine Art Hunger,
der befriedigt werden muß.
Sie haben Hunger nach Liebe.

1/111

Gottes Schöpfung – unser Auftrag

Gott schuf die Welt und sah, sie war gut. Gott schuf den Menschen und sah, er war gut. Gott schuf alles, und alles war gut für ihn.

Können wir Gott das Leiden, die Armut in der Welt in die Schuhe schieben? Können wir das wirklich, wenn wir uns gegenüber ehrlich sind?

Gott sah, es war gut. Was wir Menschen daraus machen, ist ein anderes Kapitel.

In Indien wurde vor kurzem versucht, die christlichen Kirchen in der Religionsausübung einzuschränken. Da mußte ich an die Worte Gandhis denken: »Wenn die Christen wirklich die Liebe Gottes leben, dann wird es in Indien keine Hindus mehr geben.«

Sind seine Worte nicht wahr? Ist dies nicht unser Geheimnis, unser Auftrag? Laßt uns doch endlich einander lieben – und in Indien wie bei euch in Europa werden Wunder geschehen.

5/109

Besitzlos auf der ganzen Welt

Als Mutter Teresa 1971 ihr erstes Haus in den Vereinigten Staaten, in einem der ärmsten Stadtteile New Yorks, eröffnete, bot Erzbischof Terence Cooke jeder der fünf Schwestern eine monatliche Unterstützung von 500 Dollar an.

Mutter Teresa, Zeugin dieser Gunst des nordamerikanischen Kardinals gegenüber den Schwestern, fiel es ein bißchen schwer, ihre Ablehnung in Worte zu fassen. Sie dachte nach und fand eine passende Erklärung: »Exzellenz, wir haben das Gelübde abgelegt, nur von der göttlichen Vorsehung abhängig zu sein. Bis jetzt hat es uns an nichts gemangelt. Glauben Sie, daß Gott uns ausgerechnet in New York im Stich lassen wird?«

1/12

Tägliches Vertrauen in Gott

Wir bezahlen die Medikamente nicht aus unserer Tasche. Sie werden uns geschenkt. Wir erhalten Arzneimittel aus vielen Ländern, angefangen bei den Vereinigten Staaten von Amerika, Deutschland, Frankreich, England, der Schweiz. Die Medikamente kosten nie besonders viel. Ich habe keine genauen Vorstellungen, was man für jeden Kranken veranschlagen kann. [...]
Unsere Mittel reichen nie aus, doch das Notwendigste fehlte uns niemals. Manchmal passiert etwas Ungewöhnliches, fast ein Wunder: Morgens wachen wir auf, ohne irgendwelche Hilfsmittel; wir befürchten, unseren Bedürftigen nicht helfen zu können. Doch fast immer, nach wenigen Stunden, erhalten wir unerwartete Unterstützung, meist von anonymen Spendern. Von Katholiken, von Protestanten, von Buddhisten, Juden, Parsen, Moslems, Hindus. Von Anhängern irgendeiner Religion oder von Ungläubigen. Von Reichen und von Armen.

2/17f

In jedem ist Christus

Immer nur Dinge im großen Stil zu tun
gefällt mir überhaupt nicht.
Mich interessieren die Menschen.
Um jemanden zu lieben, muß man
eine enge Beziehung mit ihm eingehen.
Wenn wir nur Zahlen betrachten,
verlieren wir uns in ihnen,
ohne jemals diesem Menschen unsere Liebe
und unseren Respekt zeigen zu können.

Ich glaube an die menschliche Nähe
zwischen den Menschen.
Für mich ist jeder Mensch Christus.
Und weil es ja nur einen Jesus gibt,
ist dieser Mensch in diesem Augenblick
der einzige in der ganzen Welt.

1/110

Das gleiche tiefe Verlangen

Vor einiger Zeit kam ein kleiner Junge mitten in der Nacht zu unserem Haus. Ich ging hinunter und öffnete ihm. Das Kind sagte weinend: »Ich bin zu meiner Mutter gegangen, doch sie wollte mich nicht. Ich bin zu meinem Vater gegangen, doch er wollte mich nicht. Liebe du mich!«

Eine Geschichte, die sich täglich an vielen Orten abspielt. Auch hier, in Melbourne, gibt es Menschen, die nicht geliebt werden, die unerwünscht sind und die doch – so wie wir – Kinder Gottes sind. Noch mehr sogar, sie sind Christus. Und sie gehören zu uns. Sie sind unsere Brüder und Schwestern.

In Indien, in Europa, überall wo die Schwestern Christus im Schmerzenskleid begegnen, existiert der Hunger. Wahrscheinlich handelt es sich hier in Australien, in Europa und in Amerika nicht um den Hunger nach einer Scheibe Brot, nach einem Kleidungsstück.

Doch auch hier gibt es die ungeheure Einsamkeit, das gleiche tiefe Verlangen. Auch hier leiden Menschen daran, weder geliebt zu werden noch erwünscht zu sein. Auch hier gibt es Menschen, die unglücklich darüber sind, niemanden zu haben, den sie ihr eigen nennen können.

3/51

Nicht den Frieden zerstören!

Unsere eigenen Kinder haben wir gern, wir lieben sie.
Aber was ist mit den Millionen anderer Kinder?
Viele kümmern sich um das Schicksal
der Kinder in Indien oder in Afrika,
die oft sehr jung an Unterernährung,
Hunger oder Krankheiten sterben.

Aber Millionen anderer Kinder sterben
durch den Willen ihrer eigenen Mütter.
Und dies ist es, was heute am meisten den Frieden zerstört.
Denn wenn heute eine Mutter ihr eigenes Kind töten kann,
was hindert uns morgen daran,
daß ich dich töte und du mich?
Es gibt da keine Grenze mehr.

6/23

Alle Lebewesen auf der Welt

Daß Gott selbst die Vögel und die Blumen beschützt,
weckt in uns das Vertrauen in die Vorsehung Gottes.
Wenn Gott die jungen Raben ernährt, die zu ihm krächzen,
wenn er den Vögeln Nahrung gibt, die weder säen noch ernten
noch Scheunen mit Vorräten füllen,
wenn er die Blumen des Feldes so wunderbar kleidet,
um wieviel mehr wird er dann für die Menschen sorgen,
die er nach seinem Ebenbild geschaffen
und an Sohnes Statt angenommen hat!
Wie wird er für uns sorgen,
wenn wir als seine Söhne und Töchter handeln,
seine Gebote halten und immer
ein kindliches Vertrauen zu ihm haben!

6/47

Die Menschwerdung Jesu

Wie Jesus in der Menschwerdung einer von uns wurde, in allem uns gleich außer der Sünde, so sollen auch wir, wenn wir als kontemplative Missionare in neue Länder und Gebiete gesandt werden, in wahrem missionarischem Geist

– uns lösen von unserem eigenen Land, von unserer Kultur und Sprache;

– das neue Land und seine Leute lieben lernen, ihre Sprache erlernen und uns mit ihrer Geschichte, Kultur und Religion vertraut machen;

– ihre Sitten und Gebräuche respektieren.

Als Mitglieder einer internationalen Ordensfamilie bewahren wir uns die Freiheit, das zu übernehmen, was in den Kulturen anderer Völker heilig, schön und unverzichtbar ist.

Auch sie gehören ja zu der einen Familie Gottes. In ganz besonderer Weise freilich werden wir uns an der Kultur, den Sitten und Bräuchen Jesu Christi und seiner Heiligen orientieren, die nie aus der Mode kommen und das Beste aller Kulturen der Welt in sich enthalten.

6/125

Drei Pässe für Mutter Teresa

Mutter Teresa wurde am 26. August 1910 als albanische Staatsbürgerin geboren. Doch 1948, nach 20 Jahren Aufenthalt, erhielt sie die indische Nationalität und einen indischen Paß.

Doch sie besaß noch einen dritten Paß: den des Vatikans. Der Besitz der indischen Staatsbürgerschaft 1948, kurz nachdem sich das Land unter der Führung Mahatma Gandhis von Großbritannien unabhängig erklärt hatte, erforderte nicht den Verzicht auf ihre gebürtige Nationalität.

Die dritte Staatsbürgerschaft gewährte ihr ein großer Bewunderer und Wohltäter ihrer Arbeit: Papst Paul VI. Er beauftragte das Staatssekretariat, ihr einen Diplomatenausweis zur Verfügung zu stellen, damit sie Zugang habe zu Ländern, die ihr mit ihrem hinduistischen Paß die Einreise verweigerten.

Die Geste Pauls VI. zahlte sich aus, als Mutter Teresa die einzige Person zu sein schien, eine humanitäre Vermittlung zwischen Indien und Bangladesh ermöglichen zu können: Da ihr dabei der indische Paß im Wege stand, konnte sie auf den vatikanischen zurückgreifen.

1/68

Eine diplomatische Mission

Unter Papst Johannes Paul II. sollte Mutter Teresa am 10. August 1982 als Vermittlerin des Friedens in Beirut fungieren. Am Vorabend ihrer Reise wandte sich die Gläubige in Castelgandolfo an den Papst, um ihn um »Rat und Segen« zu bitten.

Als sie dort ankam, fand sie den Papst bei einem ungezwungenen Gespräch mit einer Gruppe Jugendlicher. Nachdem er sie begrüßt hatte, nutzte Johannes Paul II. die Gelegenheit für eine kurze religiöse Unterweisung seiner jungen Gäste: »Wie kann man heutzutage in unserer christlichen Sprache über die Kirche sprechen? Wie kann man mit dieser Sprache über die Probleme des Libanon reden?«

Er selbst hatte die Antwort parat: »Mutter Teresa, die in den Libanon reisen wird, kennt diese Sprache genau, ohne abstrakte und theoretische Lehrbücher studiert zu haben. Sie kennt sie, weil sie jemand ist, der sie in die christliche Gestaltung und in den christlichen Geist einbettet. Sie ist jemand, der sie in seiner Seele, in seinem Wesen, in seinem Herzen trägt.«

1/70

Warum ich nach Deutschland komme

Ich glaube, [ich komme,] weil die Bischöfe und das deutsche Volk nicht nachgegeben haben, mich einzuladen. Aber hauptsächlich komme ich aus Dankbarkeit, daß Deutschland unseren Armen und uns geholfen hat, und weil sie uns Schwestern geschenkt haben, die draußen im Dienste der Ärmsten der Armen stehen.

Der Grund ist Liebe und Dankbarkeit. Ich war etwas unsicher im letzten Moment, ob ich kommen sollte, weil ich unsere Menschen dort durch die große Überschwemmung dieser Tage leiden sah. Aber ich fühlte, daß Jesus mich jetzt hier haben wollte, damit wir seine Liebe und sein Mitleiden teilen können. Wir mußten in Delhi die Kinder evakuieren wegen der Flut. Das Haus, in dem wir die Leprakranken unterbrachten, wurde schwer beschädigt. In Benares und Allahabad stand es noch schlimmer. Am schlimmsten war es in Westbengalen. Etwas aber war schön dabei: daß alle Religionen zusammenkamen, eine Einheit bildeten im Helfen.

5/128

EIGENHÄNDIG!

Wir haben eine Familie von beinahe vierhunderttausend Mitarbeitern auf der ganzen Welt, die kommen und den Schwestern bei der Arbeit helfen. Ich gebe ihnen Gelegenheit, die Armen und Einsamen zu berühren.

Einsamkeit ist in vielerlei Hinsicht schlimmer als körperliche Armut. Viele Menschen aller Religionen kommen zu mir und wollen nicht nur spenden, sondern eigenhändig mit anpacken. Dann haben wir noch Ärzte, medizinische Mitarbeiter, die sich in den Dispensarien um die Kranken kümmern, und jugendliche Mitarbeiter, die die Liebe zu den Armen bei den Jungen verbreiten. Liebe zur Reinheit und Liebe zum Gebet teilen diese jungen Leute miteinander. Junge Menschen suchen nach einer Aufgabe. Manchmal geraten sie auf den falschen Weg. Viele von ihnen sehnen sich wirklich nach Gott.

Schauen Sie sich die Freiwilligen aus aller Welt an. Sie kommen, um hier zwei oder drei Monate zu dienen, oder sie arbeiten das ganze Jahr, – nicht um Geld zu verdienen, denn wir geben ihnen nichts, sie müssen selbst für alles bezahlen.

5/127

DER SCHLÜSSEL ZUR ZUKUNFT

Als Mutter Teresa ihren Orden gründete, dachte sie niemals daran, ihn aus Indien zu »exportieren«. Und doch begann sie damit in Venezuela. Denn aus Venezuela, vom Erzbischof von Barquisimeto, kam der erste Antrag auf Gründung eines Hauses.

Dieses Gesuch trug das Siegel, der Wille Gottes zu sein: Direkt nach einem Kolloquium – bei einer der Tagungen des Zweiten Vatikanischen Konzils – mit dem Päpstlichen Gesandten in Neu-Delhi, Monsignor James R. Knox, ließ der Erzbischof sich überzeugen, daß ein Zentrum dieser Ordensschwestern, von denen er kaum etwas gehört hatte, eine Möglichkeit wäre, bestimmten gesellschaftlich-pastoralen Problemen seiner Diözese wirksam entgegenzutreten.

Die fällige Entscheidung Mutter Teresas bezüglich des Gesuchs von Monsignore Ben'tez wurde durch Papst Paul VI. vorangetrieben. Er sorgte sich um die religiöse Situation auf dem lateinamerikanischen Kontinent und bat Mutter Teresa persönlich, in den nächsten Jahren vorrangig auf diesem Kontinent neue Zentren zu gründen. Denn dieser Kontinent, sagte man in den 60er Jahren, sei der Schlüssel für die Zukunft des katholischen Glaubens im Hinblick auf das 21. Jahrhundert.

1/75

Sie sprach alle Sprachen

Ein spanischer Mönch aus dem Orden der Salesianer, Missionar in Venezuela, erzählte folgende Geschichte:

Während einer ihrer zahlreichen Reisen in dieses Land begleitete er Mutter Teresa als Chauffeur bei verschiedenen Fahrten durch die Armenbezirke der Hauptstadt. Sie beteten gemeinsam den Rosenkranz und unterhielten sich oft.

Der Mönch sagte: »Ich kann kein einziges Wort Englisch. Und Mutter Teresa konnte nur wenige Worte auf Spanisch. Aber trotzdem: Ich weiß nicht wie, doch ich merkte, daß ich alles, was sie sagte, vollkommen verstand. Und daß auch sie mich verstehen konnte.«

1/8

DIE SPRACHE DES GEBETES

Am 7. Oktober 1975 feierten die Schwestern der Nächstenliebe die Gründung ihres Ordens vor 25 Jahren gemeinsam mit christlichen und nicht-christlichen Religionen in Kalkutta. Eine französische religiöse Zeitschrift betitelte dieses Datum: *Ein einmaliges Ereignis in der Geschichte: 18 Glaubensgemeinschaften feierten das Werk Mutter Teresas.*

»Es ist nicht wichtig, welche Worte ihr benutzt, wenn ihr betet, auch nicht, wie ihr es tut.

In Indien sind die meisten Menschen Buddhisten. Unter unseren Brüdern sind Buddhisten, Moslems, Hindus: Menschen aus vielen Religionen.

Während unseres goldenen Jubiläums kamen Menschen aus 18 verschiedenen Religionen zusammen, um zu beten. Das war etwas Herrliches.

Jeder, welchen Glauben er auch hat, muß auf seine Art beten, weil es kein anderes Licht gibt als das eigene. Von diesem Moment an ist der Glaube ein Geschenk Gottes.«

3/93

Eine Messe in Paris

1593 wandte sich Heinrich IV. vom Protestantismus ab und konvertierte zum katholischen Glauben. Sein Satz »Paris ist eine Messe wert« gelangte seit diesem Tage zu großer Berühmtheit. 1966, genau 373 Jahre nach dem Widerruf Heinrichs IV., König von Frankreich, hatte Mutter Teresa während eines Fluges von Caracas nach Frankfurt/M. Aufenthalt auf dem Flughafen von Orly/Paris. Ein paar Stunden dauerte diese Zwischenlandung.

Als Mutter Teresa hörte, daß zwei Mönche vom Orden der Kleinen Brüder Unserer Lieben Frau eine Messe in der Flughafenkapelle feiern wollten, zeichnete sich auf ihrem Gesicht ein Lächeln ab. »Eine heilige Messe an diesem Ort?« fragte Mutter Teresa temperamentvoll und eilte in die Kapelle.

An dieser Messe nahmen neben Mutter Teresa ihre Begleiterin, die beiden Kleinen Brüder und eine Gruppe Touristen, die auf ihren Charterflug in den Urlaub warteten, teil.

Mutter Teresa verstand nicht viel von dem, was der Priester sagte, da sie kein Französisch konnte. Aber sie hörte der Messe voller Andacht zu und empfing die Eucharistie. Durch dieses Ereignis bewahrte Mutter Teresa eine heilige Erinnerung an Frankreich.

1/60

In Äthiopien

In Äthiopien kam nach der Revolution, die zum Sturz des Kaisers führte, die kommunistische Regierung an die Macht. Während einer meiner Aufenthalte in dem Land wandte ich mich an einen Minister, um ihn um Grundstücke zu bitten, auf denen ich dringend benötigte Krankenhäuser errichten wollte.

Er antwortete mir ungehalten: »Wir haben eine kommunistische Staatsform. Um Kranke und Arme muß sich die Regierung kümmern, jedoch keine Privatleute oder irgendwelche Gruppierungen.«

Ich gab zu bedenken, daß in Wirklichkeit Arme und Kranke vollkommen im Stich gelassen würden.

Er willigte ein: »Ja, Sie haben recht. Ich werde mein möglichstes veranlassen, Ihnen zu helfen, Grundstücke zu bekommen.«

Er hielt sein Versprechen. Nun können wir uns um Kranke und Verlassene kümmern.

1/95

Mit den Augen sprechen

Eine (spanische) Mitarbeiterin verbrachte einen Monat in Kalkutta und arbeitete dort in Nirmal Hriday (Haus der Sterbenden), in Shishu Bhavan (Kinderhaus) und in anderen Zentren der Missionarinnen der Nächstenliebe. Sie erzählte von ihren Begegnungen mit Mutter Teresa:

Diese gab ihr ebenso einfache wie auch bedeutsame Ratschläge über den Dienst an den Armen. Da sie des Englischen wenig mächtig war, wurde die Mitarbeiterin gefragt: »Wie haben Sie Mutter Teresa verstanden, die doch kein Spanisch kann?«

Die Antwort der Mitarbeiterin war klar und einfach zugleich: »Sie wissen doch selber, wie es mit Mutter Teresa ist. Man versteht vollkommen, was sie sagen will, auch ohne ihre Sprache zu sprechen. Sie spricht mehr mit ihren Augen als mit Worten.«

1/8

Ein Vagabundenleben in Gottes Welt

Die Armut unseres Erlösers ist größer als die der ärmsten Tiere der Welt. »Die Füchse haben ihre Höhlen und die Vögel ihre Nester; der Menschensohn aber hat keinen Ort, wo er sein Haupt hinlegen kann« (Matthäus 8,20).

In der Tat war es so. Er hatte kein eigenes Haus und keine feste Bleibe. Die Samaritaner vertrieben ihn, so daß er nach einem Obdach suchen mußte. Nichts war gesichert, weder die Unterkunft noch das Essen. Was er bekam, waren Almosen, die andere ihm aus Liebe gaben. Dies ist wahrlich große Armut.

Wieviel kann man davon lernen, wenn man bedenkt, wer er ist: der Gott-Mensch, der Herr des Himmels und der Erde. Was hätte er nicht alles besitzen können! Gerade dies macht die Würde und Größe seiner Armut aus, daß er freiwillig, aus Liebe zu uns arm war, damit wir reich würden.

Wir sind glücklich zu nennen, daß wir berufen sind, im Kleinen teilzuhaben an der Armut des großen Gottes. Es erfüllt uns mit unsagbarer Freude, daß unser Leben ein so wunderbares Vagabunden-Dasein ist. [...]

Wir haben nichts zum Leben, und doch leben wir glänzend.

Wir haben keinen Boden unter den Füßen, und doch schreiten wir furchtlos voran.

Wir haben nichts, auf das wir uns stützen könnten, aber voll Vertrauen stützen wir uns auf Gott; denn wir sind sein eigen, und er ist unser sorgender Vater. *6/101*

Geschenke aus aller Welt

Eine der Fragen, die Mutter Teresa am häufigsten gestellt wurde, war die nach dem Geld, das ihre Kongregation erhält, um den Armen zu helfen.

Sie antwortete: »Wir erhalten fortwährend Geld, ohne jemals darum bitten zu müssen. Wir erhalten es von allen, von Reichen, aber auch von den Allerärmsten. Ein Großteil des Geldes stammt aus Opfern. Beispielsweise die Spende einer Frau, die, statt sich einen Sari für 300 Rupien zu kaufen, sich mit einem für 250 oder 200 Rupien begnügte und die Differenz den Armen spendete. Sobald wir das Geld erhalten, verwenden wir es für unsere Armen; zuallererst kaufen wir Lebensmittel.

Wer sind diejenigen, die uns Geld senden? Obwohl uns niemand ausdrücklich darauf hinweist, wissen wir, daß die Spender Hindus, Moslems, Christen sind: Sie stammen aus allen Religionen.«

1/151

Jesus, das Brot für die Welt

Im Evangelium heißt es, daß Jesus 5000 Menschen, darunter Frauen und Kinder, mit fünf Broten und zwei Fischen gespeist hat (vgl. Matthäus 14,21). An anderer Stelle sättigte Jesus 4000 Menschen, darunter Frauen und Kinder, mit sieben Broten und einigen Fischen (vgl. Matthäus 15,38).

In Barcelona (und in Florenz, Paris, Rom, London, Hamburg, Marseille, Lissabon, New York, Kalkutta!) speist das Werk Mutter Teresas seit Jahren täglich mit Huhn, Reis, Brot, Bohnen, Erbsen, Kartoffeln, Kichererbsen ... Tausende Menschen, zahllose Kinder, Frauen und Männer.

Wer einmal die Gelegenheit hat, in der Nähe der Schwestern zu sein, sieht vielleicht einen kleinen Lieferwagen ankommen, der mit Lebensmitteln beladen ist, oder einen Menschen sich nähern mit einem Umschlag, möglicherweise mit Geld gefüllt.

Durch solche meist anonymen Spenden offenbart sich den Schwestern die Vorsehung Gottes, die großzügig und zuverlässig ist. Die Armen ihrerseits erfahren ständig, daß die Schwestern sie nie aufgrund fehlender Mittel abweisen. So geschehen in den Zentren der Missionarinnen der Nächstenliebe täglich auch Brot- und Fischvermehrungen ...

1/153

Mutter Teresas Weltkarte

Am Eingang der Zentren findet man normalerweise eine Weltkarte, die voller Nadeln steckt. Jede Nadel entspricht einem der Häuser der Missionarinnen der Nächstenliebe, die auf der ganzen Welt verteilt sind.

Vor zwanzig Jahren betrug die Zahl der auf der Karte angebrachten Nadeln kaum hundert. Zur Zeit sind es um die fünfhundert. [...]

Die Häuser der Missionarinnen der Nächstenliebe erhalten ab und zu einen Rundbrief aus dem Mutterhaus, in dem sie über eine (oder mehr als eine) neue Gründung in einem Land informiert werden. Manchmal ist es ein Land, das alle kennen. Manchmal ist es ein Land, das die vier Schwestern, die für neue Gründungen und für die Generalversammlung zuständig sind, kaum kennen.

Von den ersten Tagen des Ordens an haben sie Einladungen von Bischöfen aus Ländern erhalten, die relativ wenig bekannt sind oder die sehr weit entfernt sind: beispielsweise Trinidad, Papua, von den Seychellen, Feroe und Mauritius.

»Manchmal«, sagte Mutter Teresa, »müssen wir auf der Karte nachsehen, wo die Länder sich befinden, aus denen uns die Gesuche erreichen.«

1/102

JUNI

Geschichten, die Hoffnung geben

Der Menschen Fehler und Gottes Güte

Wir mögen Fehler machen, viele Fehler. Aber Gott kann keine Fehler machen. Er wird das Gute aus einem herauslocken. Das ist das Schöne an Gott, nicht wahr? Daß er sich herablassen kann und einen fühlen läßt, daß er von einem abhängt.

So war es auch mit Maria. Als der Engel zu ihr gesandt wurde und sagte: »Du sollst die Mutter Jesu sein«, entäußerte sie sich ihres eigenen Willens und sagte: »Mir geschehe nach deinem Wort. Ich bin die Magd des Herrn.«

Erst als und weil sie sich hingegeben hatte, kam Christus in die Welt. Es wäre sonst kein Christus, kein Jesus geboren worden. Weil sie so demütig, so leer war, wurde sie voll der Gnade. In dem Augenblick, da sie Jesus empfing, war ihr erster Gedanke, ihn anderen zu geben. Sie eilte in das Haus ihrer Base Elisabeth. Und was tat sie dort? Sie tat die Arbeit einer Dienstmagd.

Das ist das Schönste an Gottes Güte
und die Größe von Gottes Liebe für die Welt.
Gott liebt die Welt, indem er Christus der Welt gab,
und Christus liebt die Welt,
indem er sein Leben für die Welt gab.

4/70

Ein Beispiel christlicher Liebe

Eines Tages kam ein Paar zu mir und brachte viel Geld für die Armen (ihr müßt wissen, daß wir allein in Kalkutta täglich 9000 Menschen zu essen geben).

Ich fragte die beiden: »Wie habt ihr soviel Geld sammeln können?«

Sie antworteten: »Wir haben vor zwei Tagen geheiratet. Vorher beschlossen wir, auf ein Hochzeitsessen zu verzichten. Statt dessen wollten wir als Zeichen unserer Liebe zueinander euch dieses Geld geben.«

Herrliche, großzügige junge Menschen!

Ich fragte weiter: »Warum habt ihr das getan?«

Sie antworteten: »Wir lieben uns so sehr, daß wir unsere Liebe gern mit anderen teilen möchten, besonders mit denjenigen, denen ihr dient.«

Welch wunderbare Geste!

2/54

Aus dem Inneren des Menschen

Eines Tages kam der Direktor eines mächtigen Industriebetriebes zu mir und bot uns ein großes Gebiet in Bombay an.

Kaum hatte er mich gesehen, fragte er mich temperamentvoll: »Mutter Teresa, welche finanziellen Mittel erwarten Sie, um zu überleben?«

Anstelle einer Antwort fragte ich ihn meinerseits: »Können Sie mir sagen, wer Sie geschickt hat?«

Er sagte: »Eine Art innere dringende Notwendigkeit.«

Ich erklärte ihm: »Auch andere Menschen kommen aus demselben Grund wie Sie hierher. Verstehen Sie nun, woher unsere Hilfsmittel stammen?«

1/93

Gottes Lohn für die kleinen Dinge

Am selben Tag, an dem Mutter Teresa Loreto verließ, näherte sich ihr ein Priester und bat sie um eine Spende für eine katholische Zeitung. Sie hatte nur fünf Rupien dabei, von denen sie bereits vier den Armen reserviert hatte. Sie zögerte ein bißchen, doch schließlich gab sie dem Priester das, was ihr geblieben war.

Am gleichen Tag suchte der Priester sie wieder auf und übergab ihr einen Briefumschlag. Er sagte, daß er von einem Mann stamme, der von Mutter Teresas Plänen gehört hatte und ihr helfen wolle. Sie öffnete den Briefumschlag: Darin waren 100 Rupien.

In diesem Augenblick erkannte sie, daß Gott ihr Werk gesegnet hatte und daß es ihr niemals an seiner Hilfe mangeln werde.

1/43

Ein Cabriolet für Mutter Teresa

1964, *gut ein Jahr nach seiner Wahl*, unternahm Papst Paul VI. die zweite lange Reise seines Pontifikats nach Bombay zum Eucharistischen Weltkongreß (die erste Reise, vom 4. bis 6. Januar desselben Jahres, hatte ihn ins Heilige Land geführt).

Am Ende der Reise übergab Paul VI. der albanisch-indischen Nonne den weißen Lincoln-Cabriolet, den er bei seinen Fahrten in Bombay und Neu-Delhi benutzt hatte – mehr als symbolische Geste denn als materielles Geschenk –, nämlich um die Welt auf die außergewöhnliche Arbeit Mutter Teresas und ihrer Schwestern aufmerksam zu machen (Mutter Teresa stiftete ihn für eine Versteigerung, um aus deren Erlös ein selbstverwaltetes Rehabilitationszentrum für Leprakranke zu gründen).

Paul VI. bestätigte die Ordensregeln der Missionarinnen der Nächstenliebe im Februar 1965 und erkannte den Ordensstatus der Mitarbeiterinnen im folgenden Jahr an.

1/68

Ich brauche keine Publicity

Ich brauche keine Publicity und Reklame. Darauf lege ich keinen Wert. Das Werk Gottes will auf seine Weise getan sein. Und Gott hat seine eigenen Wege und Mittel, unsere Arbeit bekanntzumachen.

Seht, was in der ganzen Welt vor sich geht und wie unsere Schwestern auch an Orten akzeptiert werden, wo keiner jemals etwas von ihnen gehört hat. Sie sind willkommen, wo viele andere es als schwierig ansehen zu leben.

Deshalb meine ich, Gott selbst hat bestätigt, daß es sein Werk ist.

4/64

Der Bleistift Gottes

Mutter Teresa mußte sehr oft ihren zahlreichen Anhängern ein Autogramm auf Fotos oder in Bücher, die über sie verfaßt wurden, schreiben. Das war wie eine Pflicht, die ihr Ansehen, das sie hatte (obwohl sie es nie suchte), mit sich brachte.

Sie trug aber nie Füllfederhalter, Kugelschreiber oder Bleistifte bei sich und mußte diese immer vom Bittsteller ausleihen. Jeder weiß, wie einfach es ist, für solche Fälle einen Bleistift, einen Kugelschreiber oder eine Feder mit sich zu führen. Doch für Mutter Teresa kam das nicht in Frage. Für sie waren der Kugelschreiber und mehr noch der Bleistift ein Gleichnis, um sich selber zu beschreiben: »*I am a pencil in Gods hands* – Ich bin ein Bleistift in den Händen Gottes.«

1/5

Rückkehr nach Skopje

Am 8. Juni 1970 kehrte Gonxha, nun bereits Mutter Teresa, nach Skopje zurück. Es war ein kurzer Besuch, bei dem kaum Zeit zur Verfügung stand. Doch die inzwischen berühmte Besucherin nutzte die Zeit in ihrer Heimatstadt gut aus, und zwar – wie gewöhnlich – nicht für sich persönlich.

Ein paar ihrer Landsleute hatten schon ein bißchen von ihrem Ruf und auch von ihrer Liebe gehört, mit der diese Frau die ganze Welt für sich eingenommen hatte. Stolz stellten sie bei Mutter Teresas Aufenthalt fest, daß es sich auch bei ihr um ein menschliches Wesen aus Fleisch und Blut handelte.

Mutter Teresa dankte der Großzügigkeit derjenigen, die den Besuch in ihrem Heimatland organisiert hatten, und sie suchte die Kapelle von Unserer Lieben Frau von Letnica auf, wo sie Mitte 1927 ihre Berufung, Missionarin zu werden, unmißverständlich erfahren hatte.

Zu Füßen der Jungfrau dachte sie an das Mädchen, das sie einstmals gewesen war, und fühlte wieder die Verehrung, die sie Unserer Lieben Frau von Letnica entgegengebracht hatte. Sie kniete nieder und betete. Als sie sich erhob, sagte sie: »Der Mantel wurde ausgewechselt. Es ist nicht der, den sie hatte. Doch die Augen sind dieselben.«

1/71

Kindheitsgeschichten

Auch Mutter Teresa war einmal ein kleines Mädchen. Sie selbst erzählte folgende Geschichten aus ihrer Kindheit:

»Als ich klein war, sagte meine Mutter zu mir, daß man vom Lügen eine schwarze Zunge bekommen würde. Eines Tages log ich und rannte daraufhin zum Spiegel. Ob es Einbildung oder Angst war: Mir erschien meine Zunge schwärzer als Kohle.«

Eines Nachmittages traf sich Gonxha daheim mit zwei Gleichaltrigen, und die drei führten ebenso oberflächliche wie nutzlose Gespräche. Mutter Drana [MutterTeresas Mutter] saß in deren Nähe und hörte schweigend zu. Als sie sah, daß sich an der Banalität der Gespräche nichts ändern würde, stand sie entschlossen auf, löschte das Licht und ließ das Haus im Dunkeln.

Den überraschten Plaudertaschen erklärte sie mit energischer Stimme: »Für solche unnützen Gespräche lohnt es sich nicht, Strom zu verschwenden.«

1/34

Von der Grosszügigkeit

Mutter Teresa lehrte durch ihre Worte und Taten Großzügigkeit. Eine lebendige Erinnerung aus ihren Zeiten, als sie noch Schwester des Ordens Unserer Lieben Frau von Loreto war, war für sie diese:

Unter den Schülerinnen gab es ein recht hartherziges, etwa sieben- oder achtjähriges Mädchen. Eines Tages, als sie noch mürrischer als gewöhnlich war, nahm Mutter Teresa sie bei der Hand und lud sie zu einem gemeinsamen Spaziergang ein. Das Mädchen hatte in einer Hand ein bißchen Geld, mit der anderen hielt sie die Hand von Mutter Teresa. Während des Spazierganges erzählte sie ununterbrochen von den Dingen, die sie kaufen wollte, um ihre Launen zu befriedigen: »Ich werde mir das kaufen und das auch noch ...«

»Plötzlich jedoch«, sagte Mutter Teresa, »trafen wir auf einen Blinden, der um Almosen bettelte. Es schien ganz unglaublich, doch mit einer unbeschreiblich großzügigen Geste gab sie ihm alles, was sie bei sich trug. Seit diesem Tag war sie wie ausgewechselt. Diese großzügige Geste veränderte ihren Charakter auf einen Schlag. Sie wurde zu einer meiner liebenswürdigsten und zuverlässigsten Schülerinnen.«

1/42

Das Wenige teilen

Kleine, liebenswerte Gesten rührten Mutter Teresa sehr, auch dann, wenn sie ihr einmal selbst galten. Sie erzählte ein bewegendes Erlebnis, das ihr in einer klapprigen Straßenbahn Kalkuttas widerfuhr:

Ein Mann näherte sich mir und fragte: »Sind Sie Mutter Teresa?«

»Ja«, antwortete ich.

Er sagte: »Schon lange möchte ich Ihre Arbeit teilen, aber ich bin sehr arm. Erlauben Sie, daß ich Ihnen das Ticket bezahle?«

Ich dachte bei mir: »Wenn ich ablehne, ist er vielleicht gekränkt. Wenn ich es annehme, nehme ich ihm vielleicht alles, was er besitzt. Wahrscheinlich ist es besser, ich akzeptiere, als ihn zu verletzen.«

Ich antwortete ihm: »Ja, gerne.«

Er zog einen Stoffetzen, in dem er sein weniges Geld eingewickelt hatte, heraus, um den Fahrschein bezahlen. Er gab es dem Schaffner, händigte mir das Ticket aus und sagte offensichtlich erfreut: »Endlich habe ich etwas mit Ihnen teilen können.«

Wahrscheinlich ist er hungrig geblieben oder mußte den langen Weg zu Fuß zurückgehen. Aber dieser gute Mensch fühlte sich glücklich, unsere Arbeit teilen zu können.

1/109

Ich bitte für die Menschen um etwas

Ich dringe immer darauf, daß die Leute mit uns und für uns und für die Menschen arbeiten. Ich spreche mit ihnen nie von Geld oder bitte sie um etwas. Ich fordere sie nur einfach auf, zu kommen und die Menschen zu lieben, ihre Hände zu geben, um ihnen zu dienen, und ihre Herzen, um sie zu lieben.

Wenn sie mit ihnen in Berührung kommen, dann ist ihr erster Impuls, etwas für sie zu tun. Und wenn sie das nächste Mal kommen, dann fühlen sie sich bereits persönlich beteiligt. Wenn sie einige Zeit in Kalkutta oder irgendwo anders sind, fühlen sie sich als Teil der Menschen. Wenn sie erst einmal gemerkt haben, wie liebenswert diese Menschen sind, einfach so, wie sie sind, und wieviel sie ihnen geben können.

5/10

Entdeckerin und Forscherin der Liebe Gottes

Am 13. Juni 1981 erhielt Mutter Teresa den Preis *Discovery* der jesuitischen Universität Marquette in den USA. Dessen Vizerektor, P. Bruce Biever, nahm den Namen des Preises zum Anlaß, Mutter Teresa als »Entdeckerin und Forscherin« zu bezeichnen, denn sie habe »das Licht der Liebe Gottes in einem Zeitalter des Zynismus und der Hoffnungslosigkeit« entdeckt und habe »die Bedürfnisse erforscht, die wir als Mitglieder der Menschenfamilie haben, nämlich: die Nächstenliebe Christi, die auf keiner Landkarte verzeichnet ist, zu geben und zu empfangen.«

Der Jesuit fügte hinzu, daß »sich uns in der Gegenwart Mutter Teresas von Indien die Gelegenheit bietet, neue Dimensionen zu entdecken und zu erfahren, durch die die ganze Menschheit an die Güte und an die Liebe Gottes erinnert wird«.

Und er fuhr fort, daß die Erfahrung und die Freude, die Mutter Teresa und ihre Schwestern den Armen und den Sterbenden entgegenbringen, ein Fenster öffnen, durch das man eine andere Welt ahnt ...

»Ihre Güte läßt die Verlassenen und die Sterbenden neu die Dimension der Hoffnung und der Freude entdecken. Durch ihr Leben und ihr Beispiel können die Menschen aller Völker der Welt wiederentdecken, daß das Licht Gottes auch weiterhin strahlend leuchtet.«

2/106

Der Liebe Gottes einen Preis

Ich bin nicht würdig, Preise entgegenzunehmen. Aber ich akzeptiere sie zum Ruhme Gottes und im Namen und anstelle der Armen: der Unerwünschten, der Ungeliebten, der Unbeachteten.

Ich nehme die Preise im Namen unserer Brüder und Schwestern an, die vergessen worden sind und die vergessen haben, was menschliche Liebe ist: der Kontakt zu den Mitmenschen. Im Namen all dieser nehme ich die Preise an. Und in ihrem Namen danke ich denjenigen, die mir die Preise verleihen ...

Ich danke jedem hier Anwesenden, der gekommen ist, und ich bitte, in uns mehr und mehr das Bewußtsein wachsen zu lassen, daß Gott uns und die Welt liebt. Heute wie zu allen Zeiten liebt Gott die Welt und gibt seinen Sohn Jesus hin. Und auch heute liebt Gott die Welt durch euch und durch mich.

2/106

Christus ist voller Eifer, Liebe, Freude und Sonnenschein

Wenn ihr den Leuten ein entstelltes Bild von Christus gebt, einen zerteilten, lahmen, gekrümmten Christus, dann werden sie nur dieses Bild vor Augen haben. Wenn ihr dagegen möchtet, daß sie ihn lieben, müssen sie ihn zuvor kennenlernen.

Zeigt also den Menschen – zunächst den Schwestern, dann den Bewohnern der Slums – den ganzen Christus: einen Christus voller Eifer, Liebe, Freude und Sonnenschein.

Fragen wir uns: Komme ich diesem Ziel näher? Oder bin ich ein dunkles Licht, ein falsches Licht, eine Lampe ohne Strom, die kein Licht ausstrahlt? Unser Herz soll ein strahlendes Licht sein.

Bitten wir Jesus: »Hilf mir, deinen Wohlgeruch zu verbreiten, wo ich auch hingehe.« Das ist unsere Aufgabe, und deshalb nennt man uns Schwestern der Slums Träger der Liebe Christi.

6/60

Speisung der Tausenden

Allein in Kalkutta speisen wir täglich ungefähr 9000 Menschen. Wenn wir einen Tag nicht kochen würden, würden all diese Menschen hungrig bleiben. Doch bis heute ist das noch nie passiert.

An einem Freitag morgen kam die verantwortliche Schwester zu mir: »Mutter, wir haben nichts zu kochen für heute und morgen. Wir müssen den Menschen sagen, daß wir ihnen nichts geben können.«

Ich wußte nicht, was ich ihr antworten sollte. Doch um neun Uhr morgens mußte die Regierung die Schulen schließen und bot uns die Schulbrote an. So konnten unsere Kinder und Erwachsenen glücklicherweise zwei Tage lang ernährt werden. Ich glaube, daß sie niemals im Leben so viel Brot gegessen haben.

Warum die Schulen geschlossen worden waren, wußte niemand. Ich dagegen sehr wohl: Es war ein Zeichen der Liebe Gottes gegenüber unseren Hilfsbedürftigen.

1/109

Geschenk der Hoffnung

In Bombay, auf einem großen Gelände, das uns die »Hindustan Lever Company« geschenkt hat, haben wir ein Haus für verlassene Kinder namens »Asha Daan« – Geschenk der Hoffnung.

Bei der Einweihung im Januar 1976 sagte ich zu den Anwesenden: »Asha Daan ist ein Geschenk der Hoffnung und der Liebe, nicht allein für die Bewohner, sondern auch für euch und für mich. Eure Gaben sind herzlich willkommen, aber noch mehr wünsche ich mir, daß ihr selbst diesen Ort besucht, um mit eurer Anwesenheit diejenigen zu ehren, die hier leben. Lächelt sie an, berührt sie, laßt sie spüren, daß sie eure Brüder und Schwestern sind. Gandhi sagte, daß derjenige, der einem Armen dient, Gott dient.«

1/93

Ein gemeinsames Ziel

Niemals werde ich die Zeit vergessen, in der wir in Kalkutta furchtbare Monsunregen hatten. Eine Gruppe junger streitsüchtiger Kommunisten verbrachte ihre Zeit damit zu morden, Schlägereien anzuzetteln, Brände zu legen – jegliche Art Delikte zu begehen.

Doch als der Monsun begann und uns das Wasser bis zum Halse stand, kamen plötzlich ungefähr dreißig von ihnen und sagten: »Wir stehen zu Ihrer Verfügung.«

Wir arbeiteten bis acht Uhr abends gegen den Regen, doch sie blieben die ganze Nacht und brachten die Menschen huckepack ins Trockene. Die Regierung konnte sich nicht erklären, warum sich diese Studenten, die sich unüberlegt Gewalttaten verschrieben hatten, in sanfte Lämmer verwandelten und bereit waren, die niedrigsten Arbeiten auszuführen.

Mutter Teresa hatte eine Erklärung für solches Verhalten parat. »Die jungen Leute haben Hunger nach Christus und warten nicht einfach ab, sondern nehmen die Herausforderung an. Es genügt, ihnen die Hand zu reichen, und sie beantworten diese Geste mit ungeheurem Großmut.«

1/110

Die Liebe zu seinem Kind

Vor der Weltorganisation katholischer Frauen anläßlich einer Feierstunde in Bengalore/Indien im Januar 1979 erzählte Mutter Teresa folgende Geschichte:

»Eines Tages fand ich ein Paket auf der Straße. Ich dachte, es sei ein Bündel Kleider, aber es handelte sich dabei um ein Baby. Jemand hatte es dort zurückgelassen. Ich sah es mir näher an: die Beinchen, die Hände, alles war verkrüppelt. Es überraschte mich nicht, daß es jemand so zurückgelassen hatte. Aber welche Mutter könnte dies tun? Wie könnte sie dem Herrn ins Angesicht schauen? Es war ihr Kind.

Etwas kann ich euch sagen: Jene Mutter hatte es zwar unter diesen Bedingungen zurückgelassen, aber sie hatte es nicht abtreiben lassen. Das müssen wir von unseren indischen Frauen lernen: die Liebe zu ihrem Kind.«

1/121

SPARKONTO DER HOFFNUNG

Ich glaube, es gibt keine wirkungsvollere Art und Weise, um Indien zu einer besseren Zukunft für seine Kinder zu verhelfen als jene: Wir kümmern uns um die ärmsten der Kinder in den Elendsvierteln. Um die Kinder, die überhaupt nichts besitzen, die von der Straße kommen, die verlassen sind. Jedes von ihnen braucht eine monatliche Unterstützung von ein paar wenigen Dollars.

Es erfüllt uns mit Hoffnung, daß andere Kinder (aus Frankreich, England, Deutschland, Spanien, aus der Schweiz, aus Dänemark, Italien ...) uns großzügig ihre Ersparnisse beisteuern. Für jedes Kind, das wir aufnehmen, eröffnen wir ein Sparkonto. Wenn es erwachsen und dazu befähigt ist, kann es an der Universität studieren. Denjenigen, die nicht studieren, versuchen wir, eine Ausbildung zu ermöglichen, so daß sie ihren Unterhalt selbst verdienen können.

2/18

Angelrute oder Fisch?

Jemand fragte mich einmal,
ob es besser wäre, denen, die hungern,
einen Fisch oder eine Angelrute zu geben.
Diejenigen, die sich an mich wenden,
sind Kranke und Sterbende.
Sie sind so schwach,
daß sie nicht die Kraft hätten,
die Rute zu halten.
Zuerst ist es also wichtiger,
ihnen den Fisch zu geben.
Vielleicht sind sie später in der Lage,
mit der Angelrute umzugehen.

1/14

MENSCHENWÜRDE

Wir erhalten keine direkte Unterstützung. Aber die Regierung hilft uns auf eine wirksame Weise, indem sie uns Vertrauen, Wertschätzung und Respekt entgegenbringt. Das erleichtert uns einiges. Wir haben Grundstücke, die wir für Armenhäuser nutzen, und wir dürfen kostenlos mit den staatlichen Zügen fahren.

Jeden Tag begegnen wir Menschen, die am Rande der Gesellschaft leben, aus ihr ausgestoßen sind. Unser erster Schritt besteht darin, ihnen zu helfen, wieder zu einem menschenwürdigen Leben zu finden.

Wir versuchen, ihnen die menschliche Würde wiederzugeben, die ihnen zusteht, da sie menschliche Wesen sind und somit auch Kinder desselben Vaters.

Um das zu verwirklichen, ist es für uns nicht wichtig, ob sie schon im Sterben liegen oder das Leben noch vor sich haben.

2/19

Vom Almosen

»*Wenn du Almosen gibst*, soll deine linke Hand nicht wissen, was deine rechte tut.« Dies ist ein Rat Jesu aus der Bergpredigt (Matthäus 6,3). Mutter Teresa wußte diese Weisung wie kein anderer zu verwirklichen. »Zündet man etwa ein Licht an und stülpt ein Gefäß darüber oder stellt es unter das Bett? Stellt man es nicht auf den Leuchter?« (Markus 4,21)

Die Geste und den Sinn vom Almosengeben, vom Teilen des Essens mit den Armen kannte und erlebte Gonxha im Schoß ihrer Familie; denn ihre Mutter, Drana Bernai, handelte oft so – mit dem vollsten Einverständnis ihres Mannes.

Am Tisch der Bojaxhiu-Bernais saß oft eine ältere Frau, eine Nachbarin namens Markoni. Ihr mangelte es an vielem, und häufig war sie krank. Auch eine andere Nachbarin, Filja, fand sich des öfteren dort ein. Ab und zu konnte eine der beiden, manchmal alle zwei, nicht ins Haus ihrer Wohltäter kommen. Entweder brachten dann Mutter Drana und Gonxha oder Gonxha allein das Essen zu ihnen nach Hause. Die Nächstenliebe von Mutter Drana erstreckte sich auf mehrere Menschen, denn sie schloß niemanden aus, der sich hilfesuchend an sie wandte. [...]

Mutter Teresa erinnerte sich an den Rat Jesu, daß *deine linke Hand nicht wissen soll, was deine rechte tut* ..., und drückte ihn in ihren eigenen Worten aus: »Wenn du etwas Gutes tust, tue es so, als ob du einen kleinen Stein ins Meer wirfst ...«

1/32f

Fünf Blätter voller Sünden

Während eines Gesprächs über die Beichte erzählte Mutter Teresa ihren Schwestern folgende Geschichte:

»Eine Legende berichtet von einem Mann, der ein sehr sündiges Leben geführt hatte. Als er sich bewußt wurde, daß er so nicht länger leben könne, notierte er auf fünf eng beschriebenen Blättern seine Sünden. Er bereute aufrichtig das Schlechte, das er getan hatte. Er wandte sich an einen Beichtvater und las ihm ein Blatt nach dem anderen vor. Als er geendet hatte, sagte er zu sich selbst: ›Ich glaube, ich habe eine Sünde vergessen.‹ Er nahm das erste Blatt, doch es war vollkommen weiß. Und ebenso das zweite, dritte, vierte und fünfte ...«

1/70

Ein Nachmittag der Wallfahrt

Viele sind enttäuscht von unerfüllten Wünschen. Der Priester Georges Gorrée, Gründer der französischen Organisation »Die Freunde Mutter Teresas«, kannte einen unerfüllten Wunsch Mutter Teresas. Sie zeigte sich aber deswegen kein bißchen enttäuscht.

Auf einer ihrer zahlreichen Reisen nach Frankreich, um dort ihre Schwestern in Paris und Marseille zu besuchen, hatte sie von ihrem Wunsch gesprochen, eine dreifache Wallfahrt zu machen: nach Lourdes, nach Lisieux und nach Ars. Sie wollte ihre ergebene Verehrung ausdrücken für Jean-Baptiste-Marie Vianney, den »heiligen Pfarrer von Ars«, für ihre Patronin, der kleinen Thérèse vom Kinde Jesu, und für Unsere Liebe Frau von Lourdes.

Diese Wallfahrt kam aus zwei Gründen nicht zustande. Mutter Teresa war während ihres Frankreichaufenthalts immer so beschäftigt, daß kein freier Nachmittag für diesen Wunsch zur Verfügung stand. Selbst wenn ihr ein einziger Nachmittag ausgereicht hätte, sie hätte es nicht fertiggebracht, ein Flugzeug für die Reise zu ordern.

1/58

»Eine katholische Reise«

1980, *vom 21. bis zum 25. Juni*, nahm Mutter Teresa an der neuen und ersten Gründung eines Zentrums in Madrid teil. Am 26. Juni fuhr sie nach Zagreb, von dort nach Skopje, um ein Haus zu gründen. Zehn Tage vor ihrer Reise nach Madrid, gemeinsam mit den Schwestern und über fünfzehn Tage vor der Reise nach Zagreb und Skopje, nahm Mutter Teresa zum zweiten Mal am deutschen Katholikentag in Berlin teil.

Als sie am Ende dieser feierlichen »katholischen Reise« zu Exerzitien und neuen Profeßfeiern ihrer Schwestern in Rom nach Hause zurückkehrte, brachte sie neben vielen anderen Geschenken aus Deutschland für ihre Armen und für ihr Hilfswerk mehrere Kelche mit. Einer von diesen war für die Gründung in Madrid bestimmt, ein anderer für ihre Geburtsstadt Skopje.

1/74

Was Solidarität bedeutet

Im Juni 1980 gründete Mutter Teresa ein Haus in Skopje und wurde zur Ehrenbürgerin ihrer Geburtsstadt ernannt. Der Bürgermeister, Metodi Antonov, hielt eine festliche Rede:

»Im Namen der Stadt und in dem meinigen möchte ich Sie herzlichst in unserer Stadt willkommen heißen. Ich fühle mich sehr geehrt und glücklich, Ihnen die innigsten Glückwünsche auszusprechen für die hohe Ehre, die Ihnen mit dem Friedensnobelpreis als Anerkennung für Ihre menschlichen Verdienste zuteil wurde.

Diese Stadt und ihre Einwohner wissen sehr gut, was Solidarität bedeutet. Die vergangenen Jahrhunderte hindurch wurde sie unterworfen, beraubt, zerstört. Die Menschen litten unter Naturkatastrophen, beispielsweise beim Erdbeben vor 17 Jahren. Mehr als tausend Menschen starben dabei in Skopje, und 75% der Gebäude und Häuser wurden zerstört. Die Schäden waren unbeschreiblich. Die ganze Welt half uns daraufhin, und wir konnten erfahren, was Solidarität bedeutet.«

1/73

MUTTER TERESA IN SKOPJE

Mutter Teresas Antwort war nicht so voll Pathos, jedoch nicht weniger eloquent und überzeugend:

»Ich bin zuinnerst dankbar. Ich freue mich, nach 52 Jahren in meine Stadt zurückzukehren. Obwohl Skopje sich seitdem sehr verändert hat, ist es immer noch mein Skopje, wo ich die Kindheit im Schoß meiner Familie verbracht habe und wo ich sehr glücklich gewesen bin. Es waren wunderbare Jahre. Jetzt bin ich sehr zufrieden, euch meine Schwestern anbieten zu können, damit sie unserem Volk jenes Wohlwollen zurückgeben, das ich hier empfangen habe und das mich immer begleitet hat.

Es ist sehr wenig, was wir anbieten können; aber alles, was wir haben, geben wir euch von Herzen. Ich hoffe, daß wir alle gemeinsam etwas Wunderbares für Gott schaffen können.«

1/74

Eine Lektion

Eine Zeitschrift schrieb, daß von Zeit zu Zeit jenseits von Institutionen und Hierarchien Personen auftreten wie beispielsweise Franz von Assisi, Juan de Dios und »in diesem letzten Jahrhundert Mutter Teresa von Kalkutta«: Personen, bei denen »in allen Fällen die Umstände und Bedingungen ähnlich erscheinen: die nämlich einen anderen Weg gehen als die institutionalisierte Kirche, von der sie anfangs kaum ernstgenommen werden, die immer die Ärmsten der Armen sind und die leiden müssen aufgrund ihrer Entscheidung«. Und die »schließlich, wenn alle Welt sie als wahre Nachfolger Jesu von Nazaret und als das gelebte Evangelium erkennt, auch von der Institution Kirche akzeptiert werden.«

Genauso erscheint auch dem anonymen Autor dieses Kommentars der Fall Mutter Teresa von Kalkutta, die »der bekannteste Fall aus der jüngsten Zeit ist und uns lehrt, wie wir heutigen Christen leben müssen und um was sich die Institution Kirche sorgen muß.«

1/26

ZIEL UNSERER FÜRSORGE

Im Editorial jener Zeitschrift heißt es weiter: »In unserer Gesellschaft gibt es in der Sozialarbeit, im Kranken- und Schulwesen, für die Freizeit ein Überangebot an professionell Ausgebildeten. Und so fragt man sich: Welche Rolle spielen wir Christen noch in diesen Bereichen der Gesellschaft, wo manchmal Menschen leben – weit zahlreicher, als wir uns vorstellen können –, die weder dieser sozialen Unterstützung noch diesem Gesundheitswesen noch der Bildung teilhaftig werden?«

Der Autor schließt folgendermaßen: »Die Lehre, die man aus dem Leben Mutter Teresas ziehen muß«, ist: eben diese Menschen »zum Ziel unserer Fürsorge zu machen, und dort müssen die Christen ihr Wissen und ihre Fähigkeiten in die Tat umsetzen, damit sie das wahre Ebenbild Jesu sind«.

1/27

JULI

Auf Gottes Wegen

Inschrift

Eine Inschrift über dem Eingang
eines der Zentren für Aidskranke lautet:

Herr, geh ein in dieses Haus.
Gewähre dem, der kommt,
Deine Freude;
dem, der stirbt,
Deinen Frieden;
dem, der geht,
Deinen Segen.

1/10

Zu zweit

Normalerweise sind die Missionarinnen der Nächstenliebe außerhalb der Häuser, in denen sie leben, zu zweit unterwegs. Jemand fragte Mutter Teresa nach dem Grund.

»Aus zwei Gründen habe ich es lieber so: Es gibt einen praktischen Grund, und der andere stammt aus dem Evangelium. Zuallererst: weil vier Augen mehr sehen als zwei, und weil vier Hände mehr Hilfe anbieten können als zwei.

Und: Das Markusevangelium weist an zwei Stellen (11,1 und 14,13) darauf hin, daß Jesus seine Jünger zu zweit losgeschickt hat. Finden Sie nicht, daß dieses Modell sehr überzeugend ist?«

1/102

IN UNSERER NÄHE

Mutter Teresa hatte mit einer Gruppe junger Mitarbeiter eines westlichen Landes über die Armen Kalkuttas gesprochen. Sie beobachtete die Reaktionen in deren Gesichtern und sagte:

»Ich habe den Eindruck, daß ihr darauf brennt,
ein Flugzeug nach Kalkutta zu nehmen.
Erlaubt mir einen Rat:
Spart das Geld für den Flug,
und helft damit den Armen in eurer Nähe!
Es ist leicht, die Armen, die weit weg sind, zu lieben.
Nicht immer erweist es sich jedoch als einfach,
die Armen in unserer Nähe zu lieben.«

1/112

Ein Brief von Mutter Teresa

1991, in einer angespannten politischen Lage, schrieb Mutter Teresa einen Brief an zwei Männer, die an dem Punkt waren, den Frieden in der Welt zu gefährden und Abertausende von Menschenleben aufs Spiel zu setzen: George Bush und Saddam Hussein.

»Sie haben die Möglichkeit,
Krieg in die Welt zu bringen oder Frieden.
Bitte wählen Sie den Weg des Friedens! ...
Sie können zwar den Krieg gewinnen,
aber wird der Preis dafür nicht in Menschen liegen,
die zerstört, gelähmt und verloren sind? ...
Gott segne Sie jetzt und für immer.«

1/134

Das Innerste der Liebe

Aus einem Brief, den Mutter Teresa ein paar Monate später schrieb, als der Golfkrieg bereits beendet war und ein Feld der Verwüstung hinter sich gelassen hatte:

»Es ist ein wahres Wunder Gottes, daß die irakische Regierung uns erlaubt hat, ein Haus der Missionarinnen der Nächstenliebe im Herzen Bagdads zu gründen, an einem Ort, den uns die Regierung selbst angeboten hat. Viele bedeutende Menschen haben bei dem Aufbau des Hauses mitgeholfen, das sich schnell mit ausgehungerten und verkrüppelten Kindern gefüllt hat. ...

Die Regierung hat uns gebeten, zwei weitere Häuser zu gründen. Wie furchtbar sind die Folgen des Krieges!

Es scheint unmöglich zu verstehen, daß menschliche Wesen in der Lage sind, anderen so etwas anzutun.

Es mangelt an Arzneien, Hunderte Häuser sind zerstört zurückgelassen worden. ...

Wenn man das entsetzliche Leid sieht, das der Krieg mit seinen Folgen hervorgerufen hat, glaube ich, daß nicht nur Häuser zerstört wurden, sondern auch das Innerste der Liebe, des Friedens und der Brüderlichkeit.«

1/134

Nicht für eine Million Dollar

Ein Journalist besuchte das Zentrum der Schwestern, um eine Reportage darüber zu schreiben.

Er sah Mutter Teresa, die gerade einen Kranken pflegte. Dieser war mit schwärenden Wunden bedeckt, die einen starken Verwesungsgeruch ausströmten.

Er sagte zu ihr: »Mutter, dies würde ich nicht für eine Million Dollar machen.«

»Nicht für eine Million Dollar, auch nicht für zwei Millionen Dollar würde ich es tun«, antwortete ihm Mutter Teresa und fügte hinzu:

»Aber ich mache es gerne und umsonst, um der Liebe Gottes willen.«

1/4

DER TROPFEN IM OZEAN

Jemand war der Ansicht: Statt Probleme zu lösen, würden die Missionarinnen der Nächstenliebe nur Menschen betreuen. Dabei wüßten sie genau, daß sie nicht viel tun können, aber sie tun alles, was sie können für jene, die sie finden und nach denen sie suchen.

Mutter Teresa sagte gewöhnlich zu diesem Thema:
»Wir sind uns sehr wohl bewußt,
daß das, was wir tun,
nicht mehr ist als ein Tropfen im Ozean.
Aber ohne diesen Tropfen
würde dem Ozean etwas fehlen.«

1/108

Prophetin in ihrem Heimatland

Allmählich gelang es Mutter Teresas Werk, Grenzen zu überschreiten. Länder, die sich der katholischen Kirche hermetisch verschlossen hatten, gewährten ihr Einlaß.

Die Türen, die ihr am längsten verschlossen blieben, waren die ihres Heimatlandes, Albanien. 1990 lud der Präsident, Ramiz Alia, Mutter Teresa ein, das Land zu besuchen, und empfing sie respektvoll und stolz als angesehene Staatsbürgerin.

Im folgenden Jahr kehrte Mutter Teresa, begleitet von einigen Schwestern, wieder zurück. Unversehens ausgestattet mit allen Vollmachten, durfte sie in der Hauptstadt Tirana zwei Zentren gründen und erhielt ebenfalls unvermutet die Erlaubnis, zwei Kirchen wieder zu eröffnen.

Für die Katholiken Albaniens, die ihren Glauben nicht aufgegeben hatten, war dies ein freudiges Ereignis. Mutter Teresa wünschte, daß diese Freude auch Gläubige anderer Religionen teilten: Sie bat die Regierung, auch den albanischen Moslems ihre Moscheen und den Juden ihre Synagogen wieder zur Verfügung zu stellen.

1/56

Ein Kruzifix in Albanien

1991 *eröffnete Mutter Teresa* in der albanischen Hauptstadt das erste Zentrum der Missionarinnen der Nächstenliebe, und die Kathedrale wurde ihrem eigentlichen religiösen Zweck wieder zurückgegeben. Die Wochenzeitschrift *Famiglia Cristiana* schrieb:

»In der Kathedrale laufen die Menschen zusammen, um Mutter Teresa zu sehen. Der Boden ist voller Kalkflecken, die nicht rechtzeitig weggewischt werden konnten. Die Flamme der großen Osterkerze spiegelt sich im Gold der Hostienschale und des Kelches, Geschenke vom Heiligen Vater und von Mutter Teresa.

Gemeinsam mit zehn Schwestern der Kongregation kniet die Gründerin am Altar. Keine der Schwestern, außer Schwester Ancila, ist aus Albanien. Die Messe wird in albanisch gefeiert. Vom Altar aus fordert der Priester Gjergji die Gläubigen zum Gebet auf; doch nur Mutter Teresa und Schwester Ancila antworten. Die restlichen Schwestern kennen zwar die Gebete, aber sie verstehen die Sprache nicht. Die Gläubigen dagegen verstehen die Sprache, aber sie kennen die Gebete nicht.«

1/69

Den Weg zu Christus zeigen

Mutter Teresa sprach vor der »Internationalen Katholischen Kommission für Wanderungsfragen«:

Ich habe nicht die Berechtigung, die mir erlaubt,
hierher vor euch zu treten,
ihr, die ihr Führer anderer seid,
ihr, deren Amt es ist, den Weg zu zeigen,
den man gehen muß. ...

Eure Aufgabe, die ihr verwirklicht,
ist ein herrlicher, heiliger Auftrag,
eine missionarische Berufung.
Ihr ruft Christus hervor und
zeigt den Weg, der zu ihm führt.

2/80

Das Sterbehaus

Meine erste Begegnung mit Sterbenden hatte ich in der Anfangszeit meiner Arbeit, als ich unterwegs war, Arme zu suchen. Plötzlich entdeckte ich einen verlassenen Menschen auf der Straße. Ich nahm ihn in meine Arme. Es war eine Frau, die von Ratten bereits angefressen worden war und im Sterben lag.

Ich brachte sie ins nächste Krankenhaus, aber dort weigerte man sich, sie aufzunehmen. Ich aber bestand darauf, und widerwillig fügten sie sich.

In diesem Augenblick beschloß ich, einen Ort zu suchen, um Menschen wie jener Frau die Fürsorge geben zu können, die sie brauchten. Ich ging zur Gemeinde, bat um einen Raum und versprach, mich um alles andere selber zu kümmern. Sie zeigten mir Kalighat und stellten mir einen Ruheraum, der für Pilger gedacht war, zur Verfügung.

Wir sind all die Jahre dort geblieben. Von den Straßen Kalkuttas haben wir Abertausende Menschen aufgenommen.

1/49

IM DIENST DER GÖTTIN KALÍ

Die Arbeit Mutter Teresas schien anfangs vielen verdächtig, und in manchen Fällen mündete dies in offene Feindschaft. Man fürchtete, sie entweihe heilige Orte des Hinduismus und sei eine Irrgläubige.

Eiferer beschlossen, dem Leben Mutter Teresas ein Ende zu setzen. Einer von ihnen übernahm den tödlichen Auftrag. Von diesem entsetzlichen Ansinnen wußte Mutter Teresa nichts, doch sie spürte es.

Als sie gemeinsam mit einem Sterbenden, den sie auf der Straße aufgelesen hatte, nach Nirmal Hriday zurückkehrte, fand sie sich dem mit einem Messer bewaffneten Attentäter gegenüber.

Sie ließ sich nicht einschüchtern, sondern trat ihm mutig entgegen: »Sie wollen mich töten – hier bin ich: Ich werde sowieso bald sterben. Ich bitte nur darum, diesem Menschen hier kein Leid zuzufügen.«

Der Attentäter war vollkommen überrascht von ihrer Reaktion. Er ging zu seinen Verbündeten und sagte ihnen: »Ich weise den Auftrag zurück. Seit vielen Jahren stehe ich im Dienst der Göttin Kalí, deren Statue wir in ihrem Tempel angebetet haben. Doch ich habe gerade die Göttin leibhaftig vor mir gesehen: Es ist die Nonne, die ich leichtfertig in eurem Auftrag töten sollte.«

1/50

Kein Urteil fällen

Keiner von uns hat das Recht,
den anderen zu verurteilen.
Obwohl wir sehen, daß manche Schlechtes tun,
wissen wir nicht den Grund dafür.
Jesus fordert, kein Urteil zu fällen.
Vielleicht sind wir diejenigen,
durch die andere so geworden sind.
Wir müssen erkennen, daß sie unsere Brüder sind.
Jener Aussätzige, jener Betrunkene, jener Kranke –
sie sind unsere Brüder,
weil die göttliche Liebe auch sie geschaffen hat.
Dies dürfen wir niemals vergessen.

Jesus Christus lebt mitten unter ihnen und sagt:
Was ihr dem Geringsten meiner Brüder tut,
das habt ihr mir getan.

3/162

Jesus den Menschen bringen

Habt keine Angst davor,
Jesus den Menschen zu bringen.
Habt keine Angst davor,
unsere Liebe in Taten umzuwandeln:
zu beten, zu arbeiten und unsere Taten
in Gebete umzuwandeln.

Dies sagte eine hohe Persönlichkeit aus Indien: »Wenn ich die Schwestern auf den Straßen Kalkuttas sehe, habe ich immer den Eindruck, daß Jesus Christus wieder auf die Erde zurückgekehrt ist und durch die Schwestern erneut Gutes tut.«

Diese wunderbaren Worte bewegen mich sehr. Ich möchte sie allen, besonders den Mitarbeitern, nochmals sagen. Ihre Taten für die Ärmsten der Armen sind Christus, der wiederkommt, um Gutes zu tun. Diejenigen, die uns sehen, können Jesus in uns entdecken.

3/94

Die Schulen

Wenn wir keine Schulen in den Armenvierteln hätten, würden Tausende Kinder auf den Straßen herumirren. So armselig die Schulen auch sind, wir können den Kindern beibringen, gerne in die Schule zu gehen, und ihnen ein paar grundlegende Hygieneregeln lehren.

Wir müssen uns entscheiden, ob wir uns um sie kümmern und ihnen das wenige geben, was wir haben, oder ob wir sie allein auf der Straße zurücklassen.

Das gleiche gilt für unser Sterbehaus oder für unsere Waisenhäuser. Ohne diese Häuser wären all die Menschen, die wir aufgenommen haben, auf der Straße gestorben.

Ich glaube, es hat sich gelohnt, obwohl es nicht mehr war, als Menschen zu einem friedvollen Tod zu verhelfen, mit Gott und in Frieden.

1/109

Er ist die Liebe, die ich lieben will

Er ist das Leben, das ich leben will.
Er ist das Licht, das ich widerspiegeln will.
Er ist der Weg, der zum Vater führt.
Er ist die Liebe, die ich lieben will.
Er ist die Freude, die ich teilen will.
Er ist der Friede, den ich in meiner Umgebung stiften will.

Jesus ist alles für mich.
Ohne ihn kann ich nichts tun.

3/29

Über das Beten

Jesus sagte: »Bittet, dann wird euch gegeben; sucht, dann werdet ihr finden; klopft an, dann wird euch geöffnet.«

Man wird euch nichts verweigern. In diesem Sinne ist unser Orden ein wirklicher Beweis für diesen Satz. Wir sind bereits mehr als tausend Mitglieder. Tausende Leben sind von uns abhängig. Und trotzdem haben wir niemals, wirklich niemals sagen müssen: »Geh weg! Wir können nichts für dich tun.«

Gott ist immer gegenwärtig,
um uns zu zeigen,
daß unsere Bitten erhört werden.
Und um uns zu versichern,
daß wir ihm wichtiger sind
als die Blumen und Pflanzen auf dem Feld,
steht er uns jederzeit bei.

3/78

Das Gebet des heiligen Franziskus

Jetzt bitte ich euch, mit mir ein Gebet zu sprechen, das die Missionarinnen der Nächstenliebe jeden Tag beten:

Herr, mach uns würdig, daß wir unserem Nächsten,
den Menschen der ganzen Welt,
die in Armut und in Hunger leben und sterben, dienen.
Gib ihnen heute durch deine Hände das tägliche Brot.
Und durch deine verstehende Liebe gib uns Frieden und Freude.
Herr, mach mich zu einem Werkzeug deines Friedens.
Laß mich Liebe bringen in den Haß,
Verzeihung in die Schuld,
Einheit in die Zwietracht,
Wahrheit in den Irrtum,
Glauben in den Zweifel,
Hoffnung in die Verzweiflung,
Licht in das Dunkel,
Freude in die Traurigkeit.
Herr, laß mich danach trachten,
mehr zu trösten, als Trost zu finden,
mehr zu verstehen, als Verständnis zu finden,
mehr zu lieben, als Liebe zu finden.
Im Geben empfange ich,
im Mich-Vergessen finde ich mich,
im Verzeihen erfahre ich Verzeihung,
im Sterben stehe ich auf zum ewigen Leben. Amen.

3/45

»Nehmen Sie sich ein bisschen mehr Zeit zum Knien«

Ein Politiker wollte gute Vorsätze fassen und bat Mutter Teresa um einen »besonderen Tip«, um seine Aufgabe besser erfüllen zu können.

Mutter Teresa antwortete ihm: »Nehmen Sie sich ein bißchen mehr Zeit zu knien.«

Auch der Kardinal von St. Louis/USA bat Mutter Teresa, ihm einen geistlichen Rat aufzuschreiben. Er gab ihr ein Brevier, auf dessen erste Seiten Mutter Teresa folgendes schrieb: »Geben Sie Jesus freie Hand, ohne daß er um Ihre Zustimmung bitten muß.«

Einige Monate später hatte der Kardinal wieder Gelegenheit, mit Mutter Teresa zu sprechen, und er gab zu: »Sie wissen gar nicht, wie gut Sie mir getan haben. All die Tage während meiner Gewissensprüfung habe ich mich gefragt: Habe ich erlaubt, daß Jesus von mir Gebrauch macht, ohne um meine Einwilligung fragen zu müssen?«

1/11

Im Vatikan

Johannes Paul II., ein großer Bewunderer Mutter Teresas, fragte sie einmal, auf welche Art und Weise er ein glaubhaftes Zeichen für die Armen geben könne. Mutter Teresa antwortete ihm, ein deutliches Signal wäre, den Armen Einlaß in den Vatikan zu gewähren. Johannes Paul nahm sich die Antwort Mutter Teresas zu Herzen, gab aber zu, daß es schwierig werde, dies zu verwirklichen, und hoffte wohl insgeheim, Mutter Teresa würde einen einfacheren Wunsch äußern.

»Stellt mir ein Stückchen Platz im Vatikan zur Verfügung, und ich regle das«, sagte ihm Mutter Teresa.

Er gab ihr einen Raum im rechten Teil des Vatikans, neben dem ehemaligen Heiligen Offizium, der heutigen Glaubenskongregation, von dem aus man den Tiber sehen kann.

Mutter Teresa machte daraus einen Aufenthaltsort für verlassene Frauen (Alte, ehemalige Prostituierte u.a.). Ein Teil des Gebäudes wurde zum täglichen Speisesaal für Arme umfunktioniert, wo Schwestern und Helfer sich um ungefähr hundert Arme annehmen.

Manche wagen zu behaupten – nicht ohne gewisse Übertreibung – dieser Ort wäre der »christlichste« des Vatikans. Vielleicht steckt darin ein Funken Wahrheit.

1/19

Leben im Sinn des Evangeliums

Jemand beschrieb Mutter Teresa als »eine Seite aus dem Evangelium im 20. Jahrhundert«. Sie selbst versicherte oft, Jesus wörtlich genommen zu haben, besonders an folgender Stelle: »Was ihr für einen dieser Geringsten nicht getan habt, das habt ihr auch mir nicht getan« (Matthäus 25,45).

Mutter Teresa trug diese Botschaft in die Welt, und so wie sie tun es all diejenigen, die ihr folgen.

Erstaunlich anspruchslos, schien das Leben Mutter Teresas ein fortwährendes Wunder zu sein. Sie nahm die Aufforderung Jesu ernst, sich nicht zu sorgen: »Was werden wir essen? oder: Was werden wir trinken? oder: Was sollen wir anziehen?, denn euer himmlischer Vater weiß, daß ihr das alles braucht. Euch aber muß es zuerst um sein Reich und um seine Gerechtigkeit gehen; dann wird euch alles andere dazugegeben« (Matthäus 6,31–33).

1/152

Mutter Teresas Segen

Eure Anwesenheit und die Arbeit, die ihr in der ganzen Welt vollbringt zum Ruhme Gottes und für das Wohl der Armen, sind ein lebendes Wunder der Liebe Gottes und eurer tatkräftigen Liebe. Gott zeigte seine Größe, indem er sich unseres Nichts bediente. So halten wir in unserem Nichts stand, um Gott freie Hand über uns zu geben, ohne daß er unser Einverständnis bräuchte.

Vergeßt niemals: Die Liebe beginnt bei uns zu Hause, in unserer Gemeinschaft, in unserer Familie. Die Werke der Liebe sind Werke des Friedens. Niemand und nichts darf euch von der Liebe Jesu und Marias trennen.

Vergeßt niemals: Wo immer ihr euch auch befindet, stets werden das Gebet, die Liebe und der Segen Mutter Teresas mit euch sein.

1/133

Ohne Jesus gehen wir Nicht

Vor einigen Jahren bat mich der Präsident vom Jemen, ein paar Schwestern in sein Land gehen zu lassen. Er wollte ein Haus der Missionarinnen der Nächstenliebe im Jemen eröffnen, in einem Land, das Priester und Nonnen mehrere Jahrhunderte lang verboten hatte. Dort gab es weder einen Tabernakel noch Kirchen und Pfarrgemeinden. Es war ein gänzlich muslimisches Land.

Ich sagte zum Präsidenten: »Ich bin gerne bereit, Schwestern gehen zu lassen, wenn Sie mir versprechen, daß ein Priester sie begleitet. Denn ohne Jesus gehen wir nicht.«

Der Präsident erlaubte es. Niemals zuvor bin ich mir der Bedeutung des Priestertums so bewußt geworden wie damals im Jemen. Mit dem Priester kam der Altar, der Tabernakel. Mit dem Priester kam Jesus. All die Jahre zuvor gab es dort weder Altar noch Tabernakel: Dort gab es Jesus nicht.

Zur Zeit haben wir im Südjemen drei Häuser: in Hodeida, Ta'z und Sanaa. Und drei Tabernakel. Darin sehe ich die große Bedeutung des Priestertums.

2/65

Folge nicht den krummen Wegen

Lerne von Anfang an zu gehorchen. Das führt dich geradewegs zu Gott. Folge nicht den krummen Wegen des Lebens. Es gibt einen geraden Weg zum Herzen Jesu.

Wenn du das unterscheiden kannst, wirst du nicht vom Weg abkommen und keinen Fehler begehen.

Der Vorgesetzte, der dir sagt, dies oder jenes zu tun, mag einen Fehler machen. Ich kann etwas falsch machen, wenn ich den Schwestern sage, sie sollten etwas Bestimmtes tun und hierhin oder dorthin gehen. Aber die Schwester, die tut, was ich ihr sage, macht keinen Fehler.

Entsprechend ist es für euch, Brüder. Wenn ihr davon überzeugt seid, werdet ihr verstehen, was Ganzhingabe ist.

6/35

Dieser eine Wassertropfen

Wir spüren durchaus, daß unser Tun nicht mehr als ein Tropfen im Ozean ist. Doch würde dieser Tropfen im Ozean fehlen, wäre er um diesen Wassertropfen kleiner.

Ich bin nicht für einen Weg der großen Mittel, was unser Tun betrifft. Uns kommt es vielmehr auf den einzelnen an. Um jemandem Liebe zu geben, müssen wir in engen Kontakt zu ihm treten.

Wenn wir darauf aus sein wollten, große Zahlen zu erreichen, würden wir uns in Zahlen verlieren und die Liebe und Achtung gegenüber dem einzelnen Menschen niemals mehr zeigen können.

Ich glaube an das, was von Mensch zu Mensch geschieht. Jeder Mensch ist für mich Christus, und da es nur einen Jesus Christus gibt, ist dieser Mensch in diesem Augenblick der einzige auf der Welt.

4/62

Im Geist der Missionarinnen der Nächstenliebe

Laßt uns vor allem den Geist der Missionarinnen der Nächstliebe zu leben versuchen: den Geist der vorbehaltlosen Hingabe an Gott, des liebenden Vertrauens zueinander und der frohen Aufgeschlossenheit gegenüber allen. Wenn wir diesen Geist uns zu eigen machen, dann werden wir ganz bestimmt gute Mitarbeiterinnen Christi sein – Überbringer seiner Liebe.

Dieser Geist muß aus eurem Herzen in die Familien ausstrahlen, auf euren Nachbarn, in eure Stadt, euer Land, in die Welt.

Unsere Aufgabe muß mehr und mehr sein, einen Vorrat an Liebe, Güte, gegenseitigem Verständnis und Friede anzulegen.

Was das Geld betrifft, so wird es sich finden, wenn wir zuerst das Reich Gottes suchen – der Rest wird dazugegeben werden.

4/51

Barmherzigkeit verkünden

Im Namen Jesu werden wir freiwillig in Städte und Dörfer in aller Welt gehen, auch in Elendsviertel und gefährliche Gegenden. Wir gehen mit Maria, der unbefleckten Mutter Jesu, dorthin und suchen die geistlich Ärmsten unter den Armen, gestützt auf Gottes zärtliche Zuneigung.

Wir verkünden ihnen die frohe Botschaft vom Heil und von der Hoffnung, singen mit ihnen seine Lieder und bringen ihnen seine Liebe, seinen Frieden und seine Freude.

Wir werden Sünder zur Umkehr rufen und sie durch unsere persönliche Zuwendung zu ihnen zu Gott führen.

Wir werden ihnen die Barmherzigkeit Gottes verkünden, und – wenn es erforderlich ist – sie auch an die Gerechtigkeit Gottes erinnern.

Wir werden ihnen zeigen, daß der Weg zum Heil durch Selbstverleugnung und Kreuz geht, durch die Umkehr des Geistes und des Herzens, durch den Glauben an Jesu Namen und das Leben seiner Botschaft der Liebe zum Vater und zum Nächsten.

6/127f

Den Unwissenden und Zweifelnden die Wahrheit Gottes

Wir werden die Unwissenden lehren durch das Beispiel eines ganz in und mit Christus gelebten Lebens.

Wir werden die Wahrheit des Evangeliums bezeugen durch unsere aufrichtige Verehrung Christi und die brennende Liebe zu ihm und seiner Kirche.

Wir werden das Wort Gottes verkünden – furchtlos, offen und klar, so wie es der Lehre der Kirche entspricht, wo immer sich die Gelegenheit dazu bietet.

Wir werden den Zweifelnden Rat geben. Zunächst hören wir ihnen aufmerksam und voller Liebe zu, dann sprechen wir zu ihnen entschieden, freundlich und liebevoll von der Wahrheit Gottes.

Wir werden denen, die versucht werden, beistehen durch Gebet, Buße und verständnisvolle Liebe und – wenn sich die Gelegenheit ergibt – auch durch klärende und ermutigende Worte.

Wir werden uns denen, die ohne Freunde sind, als Freund erweisen und die Kranken und Besorgten stärken, indem wir uns mit ihnen in ihrem Schmerz und ihren Sorgen identifizieren. Gemeinsam bitten wir Gott um Heilung und Stärkung und ermutigen sie, ihre Leiden Gott anzubieten für das Heil der ganzen Welt.

6/128

Eine heldenhafte Mutter

Mutter Teresa war einer der wenigen Menschen, die so oft Zeuge von großem menschlichem Schmerz und von furchtbaren Ereignissen wurden. Als sie von einer Reise nach Eriwan/Armenien zurückkehrte, wo sie den Erdbebenopfern vom Dezember 1988 geholfen hatte, erinnerte sie sich an dieses Unglück:

»Es ist unmöglich zu beschreiben: zermalmte, verwundete, verstümmelte Kinder; Waisen, die noch nicht wissen, daß sie ihre Eltern verloren haben, es aber bald erfahren werden …«

Eine Erinnerung, die sie nicht vergessen könne, sei »… die einer Mutter, die sieben Tage lang mit einem Säugling unter den Trümmern lag. Ich sah, daß ihre Hände voller Schnittwunden waren. Bald darauf erfuhr ich, daß sie sie sich selber beigebracht hatte, um den Hunger ihres Kindes zu stillen. – Sie starb«, schloß Mutter Teresa, »doch das Kind war gerettet.«

1/70

Ein neues Leben

Ann Blaikie [...] erzählte folgende Episode aus den ersten Jahren von Mutter Teresas Arbeit, von der sie Zeuge geworden war:

»Eines Tages ging ich mit Mutter Teresa eine Straße in Kalkutta entlang, als sich ihr unerwartet ein junger Mann näherte und sich hinkniete, um ihr die Füße zu küssen. Er sagte ihr, daß er an demselben Tag, ein paar Stunden später, heiraten würde.

Mutter Teresa erklärte mir, daß jener junge Mann vor ein paar Monaten in Nirmal Hriday aufgenommen wurde. Vor Hunger und mit Tuberkulose stand er ganz kurz vor dem Tod. Man hatte ihm all die notwendigen Sachen geliehen und ihm geholfen, einen Beruf zu lernen: den des Schuhputzers, ein bescheidener, aber ausreichender Beruf, um ein neues Leben zu beginnen.«

6/143

Der Nachtisch

Eine Mutter schickte mit einem Brief einige tausend Peseten für das Werk Mutter Teresas:

»Ich las einen Artikel über die Arbeit Mutter Teresas und über das, was sie für die Armen tut. Danach führte ich mit meinen Kindern, fünf, sieben und neun Jahre alt, ein Gespräch. Wir sind nicht reich: Wir leben vom Gehalt meines Mannes, das ist nicht viel. Trotzdem können wir uns – im Gegensatz zu vielen anderen – einen Luxus erlauben: drei gute Mahlzeiten pro Tag.

Wenn wir auf dieser Welt alle Brüder sind, so wie es Menschen wie Mutter Teresa glaubwürdig sagen und zeigen, warum teilen wir unser Brot nicht mit den ärmeren Brüdern? Meine siebenjährige Tochter, die Süßigkeiten über alles liebt, hatte folgende Idee: Sie wollte drei Tage der Woche auf den Nachtisch verzichten zugunsten der Kinder von Mutter Teresa. Die anderen beiden stimmten begeistert zu. Ich bin sehr stolz auf sie ...«

1/147

AUGUST

Die Freude im Herzen tragen

Schenkt ihnen euer Herz

Seid freundlich und barmherzig. Laßt niemanden, der zu euch kommt, nicht besser und glücklicher wieder gehen. Seid ein lebendiges Zeichen der Güte Gottes: Laßt Güte und Herzlichkeit aus eurem Gesicht sprechen, aus euren Augen, aus eurem Lächeln, aus eurem freundlichen Gruß.

Wir sind in den Slums das Licht der Güte Gottes für die Armen. Den Kindern, den Armen, allen, die leiden und einsam sind, gebt immer ein glückliches Lachen. Schenkt ihnen nicht nur eure Sorge, schenkt ihnen auch euer Herz.

Immer soll ein Lächeln auf unseren Lippen liegen für jedes Kind, dem wir Hilfe bieten, für jeden, dem wir Beistand leisten oder Medizin geben. Es wäre ein schwerer Fehler, würden wir nur unsere medizinischen Heilmittel verabreichen; wir müssen allen unser Herz anbieten.

Die öffentliche Verwaltung leistet vielerlei Hilfe auf dem Gebiet der sozialen Fürsorge. Wir müssen noch etwas dazu geben: die Liebe Christi.

5/99 & 5/95

Ein frohes Opfer

Meine lieben Kinder, laßt uns Christus lieben aus unserem ganzen Herzen und unserer ganzen Seele. Seid immer froh, und vergeßt das Lachen nicht. Lächelt in eurer Beschwernis Christus zu – denn um ein wirklicher Missionar der Nächstenliebe zu sein, müßt ihr ein frohes Opfer sein. Wie glücklich bin ich, euch alle zu haben; ihr gehört so sehr zu mir, wie jede Schwester hier zu mir gehört.

Wenn auch die Arbeit immer wieder zermürbend ist, denke ich doch an jeden einzelnen von euch und sage Gott: »Schau auf meine leidenden Kinder, und segne ihre Arbeit um ihrer Liebe willen.«

Die Antwort kommt sofort. So könnt ihr sehen, daß ihr unsere allgemeine Schatzkammer, die Energiequelle der Missionare der Nächstenliebe seid.

4/71f

Freundlichkeit ist der Beginn der Heiligkeit

Die Launen der Armen auf sich nehmen heißt, jeden Menschen anzusehen, wo er steht, ihn bei der Hand zu nehmen, damit er weiß, daß man ihn ansieht, auf ihn achtet und ihn »braucht«.

Wir werden nie wissen, wieviel Gutes ein einfaches Lächeln vollbringen kann.

Wir sprechen von unserem guten, gütigen und verständnisvollen Gott; sind wir der lebende Beweis dafür? Können die Leidenden diese Güte, dieses Verzeihen, dieses Verständnis lebendig in uns wiederfinden?

Es sollte niemals jemand zu dir kommen, ohne daß er dich glücklicher verläßt und es ihm besser geht. Jeder sollte die Güte in deinen Zügen, in deinen Augen, in deinem Lächeln wahrnehmen.

In den Barackenvierteln sind wir das Licht der Güte Gottes. Die Freundlichkeit ist der Beginn der Heiligkeit.

5/93

Im Herzen ein Heiligtum

Wenn wir Tag für Tag unsere geistlichen Übungen möglichst vollkommen erfüllen, werden wir Schritt für Schritt Gott näherkommen. Auch außerhalb der Gebetszeiten werden wir dann ohne Mühe im Bewußtsein der Gegenwart Gottes leben können.

Andererseits wird unser Streben, uns bei der Arbeit und Erholung ganz auf Gott auszurichten und in seiner Gegenwart zu leben, mit noch reicheren Gnaden belohnt.

Wir müssen danach streben,
allein mit Jesus zu leben,
der im Innersten unseres Herzens
wie in einem Heiligtum wohnt.

6/44

Die innere Freude

Die Freude ist ein wesentlicher Bestandteil unseres Ordens. Die Missionarin der Nächstenliebe muß Freude säen. Sie muß Freude in ihrer Nähe verbreiten. Dadurch erkennt die Welt sie als Missionarin der Nächstenliebe.

Sobald man uns sieht und beobachtet, soll man nicht nur unser Tun anerkennen, sondern vielmehr, daß wir glücklich sind, unsere Arbeit zu erfüllen und unser Leben auf diese Weise zu führen.

Wenn ich von Freude spreche, meine ich nicht das maßlose oder übertriebene Gelächter. Solche Freude ist nicht ehrlich. So manches Mal verbirgt sich dahinter eine Unaufrichtigkeit.

Unter Freude verstehe ich
die innere und tiefe Heiterkeit,
die in uns wurzelt,
in unseren Augen,
in unserem Gesicht,
in den Taten,
in den Gesten,
in der Fürsorge.

1/64

Ein kleines Glück

In einer großen Stadt kam ein Bettler zu mir und sagte: »Mutter Teresa, die ganze Welt schenkt Ihnen Dinge für ihre Armen. Auch ich möchte Ihnen ein Geschenk machen. Heute konnte ich nicht viel erbetteln, nur ein paar Münzen. Aber die sollen für Sie sein. Machen Sie mir die Freude und nehmen Sie sie an.«

Ich dachte bei mir: »Wenn ich sie annehme, wird er nichts zu essen haben. Wenn ich sie zurückweise, fühlt er sich vielleicht gekränkt.«

Ich nahm sein Geld entgegen.

Ich versichere euch:
Niemals habe ich größere Freude
im Gesicht eines Menschen,
der Geld oder Essen gegeben hat,
gesehen als in dem des Bettlers.

1/97

Eine Botschaft des Evangeliums

Die Freude ist Frucht des Heiligen Geistes und wesentliche Botschaft des Gottesreiches, denn Gott ist Freude. Christus wollte seine Freude mit den Aposteln teilen: »Dies habe ich euch gesagt, damit meine Freude in euch ist und damit eure Freude vollkommen wird« (Johannes 15,11).

Die Freude ist das Gebet, ist ein Zeichen unseres Großmutes, unserer Uneigennützigkeit, unserer tiefen und ununterbrochenen Gemeinschaft mit Gott.

Die Freude ist Liebe:
Ein frohes Herz ist wie selbstverständlich
das Ergebnis eines mit Liebe erfüllten Herzens;
denn der, der mit frohem Herzen gibt,
gibt mit vollen Händen.
Und Gott liebt den, der ein weites Herz hat.

1/97

Eucharistie feiern

Wir sind sogar physisch darauf angewiesen, Freude zu haben; denn die Freude schenkt uns Kraft. Eine Schwester, die froh ist, fühlt sich weniger müde und ist immer bereit, Gutes zu tun. Eine glückliche Schwester predigt auch ohne Worte. Sie ist wie der Sonnenschein der Liebe Gottes, sie weckt die Hoffnung auf das ewige Glück und ist eine Flamme brennender Liebe.

Nichts schützt uns besser vor Versuchungen als die Freude. Ein frohes Herz weiß, wie es sich vor dem Teufel schützen kann.

Wenn wir uns Jesus mit Freude ausliefern, kann er von unserer Seele Besitz ergreifen.

»Ein Heiliger, der traurig ist, ist ein trauriger Heiliger«, pflegte der heilige Franz von Sales zu sagen.

Die heilige Teresa machte sich nur dann Sorgen um ihre Schwestern, wenn sie sah, daß eine von ihnen die Freude verlor.

6/143f

Der Geist der Gemeinschaft

Das ist der Geist unserer Gemeinschaft: völlige Hingabe, liebendes Vertrauen und Fröhlichkeit.

Wir müssen fähig sein, die Liebe Christi auszustrahlen, sie in unseren Handlungen sichtbar zu machen.

Wenn unser Tun nur einfach nützlich wäre, das den Menschen keine Freude bringt, dann würden unsere Armen sich nie dem Ruf öffnen können, den wir sie hören lassen wollen, dem Ruf, Gott näherzukommen.

Wir wollen ihnen das Gefühl vermitteln,
daß sie geliebt werden.
Wenn wir mit traurigem Gesicht zu ihnen gingen,
würden wir sie nur noch niedergedrückter machen.

5/26

Ein Lächeln auf den Lippen

Ein paar Leute besuchten uns in Kalkutta und baten mich bei ihrer Abreise: »Sagen Sie uns etwas, was uns helfen kann, unser Leben besser zu leben.«

Ich gab zur Antwort: »Lächeln Sie einander an; lächeln Sie Ihre Frau, Ihren Gatten, lächeln Sie Ihre Kinder, lächeln Sie jeden an – egal wen –, und das wird Ihnen helfen, mit mehr Liebe füreinander besser zu leben.«

Darauf fragte mich einer: »Sind Sie verheiratet?«

Ich erwiderte: »Ja, und ich finde es manchmal gar nicht so leicht, Jesus anzulächeln.«

Es ist tatsächlich so, Jesus kann auch sehr fordernd sein, und gerade in den Augenblicken, in denen er fordert, ist es wirklich schön, ihm ein Lächeln zu schenken.

4/87

Lächeln im Leid

Was fürchten Sie am meisten bei Ihren Reisen um die Welt?
Daß ich nicht die Liebe Christi vollkommen
verbreiten und ausstrahlen kann.

Was sollen wir tun, wenn uns Leid überkommt?
Es mit einem Lächeln annehmen.
Ja, mit einem Lächeln.
Denn es ist das größte Geschenk,
das Gott uns macht.
Gott anlächeln, den Mut haben,
alles, was er uns sendet, anzunehmen
und mit einem selbstlosen Lächeln
um das bitten und das geben,
was Gott uns hinterläßt.

3/154f

Eine Begegnung mit Gott

Eine Frage an Mutter Teresa lautete: »Mutter, wenn Sie auf ihr langes und erfülltes Leben zurückblicken, gibt es darin einen Moment, der Sie besonders beeindruckt hat?« Mutter Teresa mußte nicht lange überlegen und sagte:

»Eines Tages fand ich einen halbtoten Mann. Er lag unter einem Geröllhaufen, sein Körper war bedeckt mit Geschwüren, blutüberströmt und voller Eiter. Ich brachte ihn in unser Haus, wusch ihn und pflegte seine Wunden, eine nach der anderen. Geduldig und ohne ein Wort zu sagen, ließ er alles über sich ergehen. Ich merkte, daß er mit dem Tode rang. Bevor er die Augen für immer schloß, lächelte er mich an und sagte: ›Ich habe mein ganzes Leben lang wie ein Tier auf der Straße gelebt. Aber jetzt sterbe ich wie ein Engel, umgeben von Liebe und Zuwendung. Danke.‹ Niemals habe ich das friedvolle Lächeln vergessen, mit dem dieser Mann zu Gott gegangen ist.«

1/85

Das Lächeln der Liebe

Mutter Teresa erzählte folgende Geschichte:

»Vor einigen Tagen nahmen wir vier Menschen auf, die verlassen in den Straßen Kalkuttas lebten. Eine Frau war in einem hoffnungslosen Zustand. Sie hatte viele offene Wunden. Ich sagte zu meinen Schwestern: ›Um sie kümmere ich mich. Sorgt Ihr für die anderen drei.‹

Ich tat alles, was mir mit meiner Liebe möglich war. Ich legte sie ins Bett und nahm ihre Hand. Auf ihrem Gesicht zeichnete sich ein wunderschönes Lächeln ab. Sie sagte nur ein einziges Wort: *Danke* – und starb. Das Wunderbare der Liebe!

Sie hatte Hunger nach Liebe, und sie erhielt sie vor ihrem Tod. Sie sagte nur dieses einzige Wort. Ihr Schmerz und ihre Dankbarkeit für die Liebe, die sie erhalten hatte, drückten sich in jenem Wort aus. Ich versichere Euch: Ich habe noch nie ein so wunderbares Lächeln gesehen.«

1/5

Den anderen mit Freude dienen

Als Jesus in die Welt kam, empfing ihn Maria, seine Mutter, und schenkte ihn, ohne zu zögern, den anderen Menschen. Was wollte sie damit tun? Sie wollte die Freude weitergeben.

Es war einer der schönsten Augenblicke im Leben Marias, als sie, nachdem Jesus in ihr Leben getreten war, über die Hügel in das Dorf ihrer Base Elisabet eilte. Sie wollte Elisabet und dem Kind, das diese erwartete, Jesus weitergeben. Wir lesen im Evangelium, daß das Kind der Elisabet bei dieser ersten Begegnung mit Christus vor Freude in ihrem Leib hüpfte.

Wir wurden dazu erschaffen, die Freude in die Welt zu tragen, damit wir einander und damit wir Gott lieben können.

Maria soll die Quelle unserer Freude sein. Jeder von uns soll Jesus für sie sein. Wie kein anderer hat er sich die Demut Marias angeeignet. Sie war eine Magd, und die Freude war ihre Stärke. Nur die Freude konnte ihr die Kraft geben, über die Hügel von Judäa zu eilen, um die Arbeit einer Magd zu verrichten.

Magd sein heißt, sich mit Freude in den Dienst der anderen stellen. Auch wir müssen uns beeilen, die Hügel unserer Schwierigkeiten zu überwinden und voll Freude den anderen zu dienen.

5/145

Jesus Christus – Prophet der Liebe

Die Schwestern sorgen für 49 000 Leprakranke. Es sind Menschen, die zu den am wenigsten gewünschten, zu den am wenigsten geliebten, zu den am meisten vernachlässigten gehören.

Eines Tages wusch eine unserer Schwestern einen mit Wunden bedeckten Leprakranken. Ein muslimischer Imam, der sich in ihrer Nähe befand, gab zu: »All die Jahre dachte ich, Jesus Christus sei ein Prophet. Heute aber glaube ich, daß Jesus Christus Gott ist; denn er vermag dieser Schwester eine solche Freude zu schenken, um ihre Arbeit mit einer solch großen Liebe zu erfüllen.«

3/42

Die Liebe erweckt Freude

Die Liebe erweckt im gleichen Maße Freude.
Dieser Freude können wir immer zuteil werden, wenn wir beten.
Das Gebet erfordert ein reines Herz.
Und ein reines Herz kann Gott schauen.
Und wenn wir Gott untereinander erkennen können,
werden wir uns gegenseitig lieben,
genauso wie Gott jeden einzelnen von uns liebt.
Denn die Frucht des Gebetes
ist ein tiefes Leben im Glauben.

Frucht des Glaubens ist die Liebe.
Frucht der Liebe ist der Dienst.
Frucht des Dienstes ist der Frieden.
Und die Zeichen der Liebe
sind Zeichen des Friedens.

2/178

Ein Jahr des Friedens

Wir wollen dieses Jahr zu einem ganz besonderen Jahr des Friedens machen. Deshalb werden wir mehr zu Gott und mit Gott sprechen und weniger mit den Menschen und zu den Menschen.

Verkünden wir den Frieden Christi, wie er es getan hat. Er zog umher und tat Gutes (vgl. Apostelgeschichte 10,38). Er ließ nicht von den Werken der Barmherzigkeit ab, als die Pharisäer und andere ihn haßten oder versuchten, das Werk des Vaters zu zerstören. Er zog weiter umher und tat Gutes.

Kardinal Newman schreibt:
»Hilf mir, deinen Wohlgeruch zu verbreiten,
wo immer ich hinkomme.
Gib, daß ich dich verkünde,
ohne zu predigen:
nicht mit Worten,
sondern durch mein Beispiel.«

6/59

Freude ist ein Netz aus Liebe

Die Freude ist wie ein Netz aus Liebe, mit dem wir Seelen fischen können. Die Freude ist für uns gleichermaßen Notwendigkeit und Kraft – auch körperliche –, weil sie uns lehrt, hinauszugehen und der ganzen Welt das Antlitz des Guten zu zeigen.

Die Freude des Herrn ist unsere Kraft. Deswegen wird jede von uns folgendes akzeptieren:

(1) das Leben der Armut zu leben mit freudigem Vertrauen,

(2) die Keuschheit Marias, Ursprung unserer Freude, zum Vorbild zu nehmen,

(3) gewissenhaften Gehorsam mit innerer Freude anzubieten und

(4) Christus in seinem Schmerzenskleid mit freudiger Hingabe zu dienen.

Die beste Art zu zeigen, daß wir Gott und die Menschen erkennen, ist, alles mit Freude anzunehmen. Eine frohe Schwester ist wie der Tagesanbruch der Liebe Gottes, die Hoffnung der ewigen Freude und der Ruf nach einer brennenden Liebe.

1/97

Gegrüsset seist du, Fremde

Mutter Teresa fand einen Sterbenden am Wegrand, der von allen verlassen worden war. Sie blieb stehen und gab ihm all die Liebe, derer sie fähig war. Nach kurzer Zeit erlangte der Sterbende sein Bewußtsein wieder, sah sie an, und dankbar lächelnd sagte er: »Du bist nicht von hier; die Menschen hier machen so etwas nicht.«

Mutter Teresa hörte nicht auf, ihm ihre ganze Fürsorge zu schenken. Der Sterbende lächelte erneut und fragte sie: »Warum machst du das?«

»Weil ich dich liebe.«

Der Sterbende flüsterte mit leiser Stimme: »Gegrüßet seist du, Fremde.«

Er schloß die Augen und öffnete sie nicht wieder.

1/4

LÄCHELN IST DER ANFANG DER LIEBE

Wenn ich eine Person hungrig von der Straße auflese, so gebe ich ihr einen Teller Reis, ein Stück Brot und habe ihren Hunger gestillt. Aber eine Person, die ausgeschlossen ist, die sich unerwünscht, ungeliebt, verstört fühlt, die aus der Gesellschaft ausgestoßen wurde, deren Armut ist so verletzbar, so groß, ich finde sie sehr schwierig.

Unsere Schwestern arbeiten im Westen unter solchen Leuten. So beten Sie bitte für uns, damit wir jene frohe Botschaft für sie sein können. Aber wir können das nicht ohne Sie tun, Sie müssen es in Ihrem Land tun. Sie müssen die Armen kennenlernen; es mag sein, daß die Menschen hier alle materiellen Dinge haben; aber ich finde, wenn wir alle nur in unsere eigenen Wohnungen schauen, ist es oft schwierig, einander zuzulächeln. Und doch ist das Lächeln der Anfang der Liebe.

So lassen Sie uns einander mit einem Lächeln begegnen, denn das Lächeln ist der Anfang der Liebe, und wenn wir anfangen, einander zu lieben, so wollen wir selbstverständlich auch etwas tun.

5/139

Das Mädchen, das immer weglief

Eines Tages fand ich ein Mädchen auf der Straße und brachte sie in unser Kinderhaus. Wir gaben ihr neue Kleider und taten alles uns Mögliche, um sie glücklich zu machen. Nach wenigen Stunden lief das Mädchen weg. Eine Schwester folgte der Kleinen, um herauszufinden, wohin sie lief, und sie entdeckte, daß ihre Mutter im Freien unter einem Baum lebte. Sie hatte zwei Steine zusammengestellt und kochte darauf.

Ich sah die Freude auf dem Gesicht der Kleinen, froh darüber, in der Nähe ihrer Mutter zu sein, die sie liebte und die ihr in dieser Ecke unter freiem Himmel ein besonderes Essen kochte. Ich fragte die Kleine: »Warum wolltest du nicht bei uns bleiben? Wir haben so viele schöne Sachen in unserem Haus ... !«

Sie antwortete mir: »Weil ich nicht getrennt sein konnte von meiner Mutter, die mich viel mehr liebt ... «

2/175

Ein kleines Lächeln

Jenes kleine Mädchen war unbeschreiblich glücklich
mit dem wenigen Essen, das ihre Mutter ihr
auf zwei Steinen im Freien kochte.
Sie war glücklich, weil ihre Mutter ihr alles gab,
was sie besaß.
Als sie bei uns war, fiel es mir schwer,
ihrem Gesicht ein Lächeln zu entlocken.
Ich sah sie jedoch gemeinsam mit ihrer Mutter auf der Straße,
und beide lächelten.
Warum?
Weil sie eine Familie bildeten.

2/178

Woher sie ihren Glauben schöpfte

Mutter Teresa sprach häufig von der »Freude«, um ihren Seelenzustand und den ihrer Schwester zu beschreiben. Dies könnte merkwürdig erscheinen, weiß man doch, daß sie mit soviel Schmerzen und Trostlosigkeit konfrontiert sind. Tausende von Gründen sprechen dafür, daß Mutter Teresa in vieler Hinsicht ein glücklicher Mensch war. Nicht, weil sie anscheinend hoffnungslose Situationen unverantwortlich und sich deren nicht bewußt gelebt hätte, sondern vielmehr weil es die Frucht ihrer Fähigkeit war, mehr das Gute als das Schlechte zu entdecken:

die Frucht ihrer Güte, wenn sie die Gefühle der Menschen beurteilte,

die Frucht eines Optimismus, der ihr zu hoffen half,

entgegen aller augenscheinlichen Hoffnungslosigkeit.

1/65

Den Nobelpreis im Herzen

Vor einigen Tagen klingelte es bei uns. Ich sah nach, wer es sein könnte. Ich fand einen Leprakranken, der vor Kälte zitterte.

Ich fragte ihn, ob er etwas brauche, und bot ihm Essen und einen Mantel an, mit dem er sich vor der kalten Nacht in Kalkutta schützen könnte.

Er lehnte beides ab, gab mir seinen Bettelnapf und sagte auf bengalisch: »Mutter, ich habe gehört, daß man Ihnen einen Preis verliehen hat. Heute morgen habe ich beschlossen, Sie mit meinem Almosen zu ehren. Es ist sehr wenig, aber ich bitte Sie, es anzunehmen.«

1/96

Freude ist Gebet

Die Freude ist nicht nur eine Frage des Temperaments im Dienst an Gott und an den Menschen. Freude zu haben ist immer etwas Schwieriges, gerade das ist ein Grund mehr, weshalb wir uns bemühen sollten, daß wir sie finden und daß sie in unserem Herzen wächst.

Freude ist Gebet; Freude ist Stärke; Freude ist Liebe, ein Netz von Liebe, mit dem du Seelen fangen kannst. »Gott liebt einen fröhlichen Geber« (2 Korinther 9,7). Er erfüllt den am meisten, der mit Freude gibt. Wenn ihr bei der Arbeit Schwierigkeiten habt und sie mit Freude, mit einem Lächeln annehmt, werden die Menschen – wie in jeder anderen guten Sache – eure guten Werke sehen und den Vater im Himmel preisen.

Die beste Art,
um Gott und den Menschen
eure Dankbarkeit zu zeigen,
besteht darin,
alles mit Freude anzunehmen.
Wenn einer vor Liebe brennt,
ist sein Herz voller Freude.

6/143 & 146

Aus einem Herzen voller Liebe

Die Worte, in denen wir unser Gebet ausdrücken, sollten aus einem Herzen voller Liebe kommen. Sprecht zu Gott mit großer Achtung und voll Vertrauen. Betet mit gefalteten Händen, gesenkten Augen und erhobenem Herzen. So werden eure Gebete zu einer reinen Opfergabe vor Gott.

Zieht das Gebet nicht in die Länge, betet aber auch nicht zu schnell; sprecht nicht zu laut, und bleibt nicht stumm, sondern bietet Gott ungekünstelt und in aller Einfachheit, aus ganzem Herzen und ganzer Seele euren Lobpreis an.

Wenn wir beten, sollten wir wissen, was unsere Worte bedeuten; wir sollten Gefallen finden an ihrem Gehalt. Dann beten wir mit großem Gewinn. Es ist ratsam, gelegentlich über einzelne Worte zu meditieren. Während des Tages können wir darin immer wieder Halt und Ruhe finden.

6/16

Wenn dich Kummer überkommt

Neulich schrieb mir ein Mann aus Brasilien, eine hohe Persönlichkeit, daß er den Glauben an Gott und die Menschen verloren habe. Er hatte seine Stellung aufgegeben und wollte Selbstmord begehen.

Eines Tages kam er an einem Geschäft vorbei; im Schaufenster fiel sein Blick auf einen Fernseher, in dem gerade eine Sendung über Nirmal Hriday lief. Er sah, wie die Schwestern sich um die Kranken und Sterbenden kümmerten.

Er schrieb mir, er habe sich danach hingekniet und zum ersten Mal seit vielen Jahren gebetet. Nun hat er sich entschieden, zu Gott zurückzukehren. Er hat den Glauben an die Menschheit wiedergefunden, weil er gesehen hat, daß Gott die Welt immer noch liebt.

6/63

Die Freude ist die Frucht des Heiligen Geistes

Die Freude ist wirklich die Frucht des Heiligen Geistes und ein klares Zeichen, daß das Reich Gottes in uns ist.

Jesus teilte seine Freude mit seinen Jüngern: »... damit meine Freude in euch ist und damit eure Freude vollkommen wird« (Johannes 15,11).

Die Freude kommt aus unserer Großzügigkeit,
Selbstlosigkeit und aus der innigen Einheit mit Gott;
denn er liebt am meisten den,
der mit Freude gibt.
»Gott liebt einen fröhlichen Geber« (2 Korinther 9,7).

6/127

Braut des gekreuzigten Christus

Wir dürfen keine Angst haben, Christi Liebe zu verkünden und zu lieben, wie er geliebt hat. Unsere Arbeit – so gering und niedrig sie auch sein mag – soll Ausdruck der Liebe Christi sein.

Habt keine Angst, euch ein reines, ungeteiltes Herz zu bewahren und die Freude auszustrahlen, daß ihr Braut des gekreuzigten Christus seid.

Habt keine Angst, euch mit Christus zu erniedrigen und denen zu gehorchen, denen von oben die Macht gegeben ist und die deshalb Gehorsam bis zum Tod fordern.

Seid glücklich,
daß Christus durch euch noch einmal
durch die Welt geht,
daß er durch euch
umherzieht und Gutes tut.

6/121

Freudiger Gehorsam

Wenn wir sofort, mit Einfachheit, blind und mit Freude gehorchen, ist das der beste Beweis unseres Glaubens. Wenn Gott einen fröhlichen Geber liebt (vgl. 2 Korinther 9,7), um wieviel mehr wird er dann den lieben, der freudig gehorcht! Wir müssen gehorsam sein, wie Christus gehorsam war, bis zum Tod, ja bis zum Tod am Kreuz.

Er tat in allem und immer den Willen seines Vaters, so daß er sagen konnte: »Ich tue immer das ..., was ihm gefällt« (Johannes 8,29).

Er gehorchte Kajaphas und Pilatus, weil ihre Autorität ihnen »von oben« gegeben war. Er unterwarf sich ihnen gehorsam und mit Würde. Er sah nicht auf ihre menschlichen Grenzen. Er sah auf seinen Vater; ihm zuliebe unterwarf er sich ihnen.

Wenn wir wie Jesus gehorchen, ist unser Leben Gott wohlgefällig, und er wird uns sagen: »Du bist mein geliebtes Kind, an dir habe ich Gefallen gefunden.«

6/122

Nur ein bisschen müde

Ein Journalist nutzte den Besuch Mutter Teresas bei ihren Schwestern in einem westlichen Land, um ihren Tagesablauf zu beschreiben. Er folgte ihr den ganzen Tag. Am Abend war er total erschöpft. Mutter Teresa ging zum Flughafen, um ihren Flug zu erreichen. Der Journalist sagte beim Abschied: »Mutter, ich nehme an, Sie sind müde ... «

Mit einem Lächeln antwortete sie: »*Only a little bit* – nur ein bißchen.«

»Aus welchem Stoff ist diese Frau bloß gemacht?« fragte sich der Journalist, wußte er doch, daß Mutter Teresa doppelt so alt war wie er.

1/13

SEPTEMBER

Gelebter Glaube

Glaube und Freude

Glaube ist eine Gnade Gottes. Ohne ihn würde es kein Leben geben. Und unsere Arbeit muß, um fruchtbar und ganz für Gott zu sein und schön, auf den Glauben begründet werden. Glauben an Christus, der gesagt hat: »Ich war hungrig, ich war nackt, ich war krank, und ich war obdachlos, ... und ihr habt das an mir getan.«

Der Glaube muß, um echt zu sein, gebende Liebe sein. Glaube und Liebe gehen zusammen. Sie vervollständigen sich gegenseitig. Wir müssen fähig sein, die Liebe Christi auszustrahlen, sie in unseren Handlungen auszudrücken. Wenn unsere Handlungen nur einfach nützliche Handlungen wären, die den Menschen keine Freude geben, dann würden sich unsere Armen nie dem Ruf öffnen können, den wir sie hören lassen wollen, dem Ruf, Gott näherzukommen. Wir wollen ihnen das Gefühl vermitteln, daß sie geliebt werden. Wenn wir mit traurigem Gesicht zu ihnen gingen, würden wir sie nur noch niedergedrückter machen.

5/142

Der Weinstock und die Reben

Nehmt das Evangelium, lest das 15. Kapitel von Johannes und denkt darüber nach, was Jesus sagt:

»Ich bin der wahre Weinstock, und mein Vater ist der Winzer. Jede Rebe an mir, die keine Frucht bringt, schneidet er ab, und jede Rebe, die Frucht bringt, reinigt er, damit sie noch mehr Frucht bringt« (Johannes 15,1f).

Eine Schwester kam zu mir und sagte: »Mutter, am Weinstock hängt keine einzige Rebe; alle hängen an den Zweigen. Diese sind voller Trauben; aber es ist seltsam, daß keine einzige am Weinstock hängt.«

So müssen wir unser Leben sehen. Jesus ist der Weinstock. Wir sind die Zweige. Wir müssen Frucht bringen.

Wir sind nur Werkzeuge, die Gott in seiner Gnade gebraucht. Wir bringen in dem Maße Frucht hervor, wie wir mit Gott vereint sind. Der heilige Paulus sagt: »Ich habe gepflanzt, Apollos hat begossen, Gott aber ließ wachsen« (1 Korinther 3,6).

Wir erhalten die Gnade Gottes entsprechend unserer Heiligkeit, unseres Eifers und unserer Einheit mit dem Herrn. Heiligkeit ist die Seele des wahren Apostolats. Deshalb müssen wir uns mit Herz und Seele um diese Heiligkeit bemühen.

1/65 & 6/40

DER FRUCHTBARE ZWEIG

Laßt uns alle zu einem fruchtbaren Zweig am Weinstock Jesu werden.

Dazu müssen wir ihm in unser Leben so Einlaß gewähren, wie es ihm gefällt:

als die Wahrheit,
um verkündet zu werden;

als die Liebe,
um geliebt zu werden;

als die Freude,
um gegeben zu werden;

als der Friede,
um ausgebreitet zu werden;

in unseren Familien
und bei unseren Nächsten.

4/117

Wie Zweige am Weinstock Gottes

Du mußt dem Vater erlauben, daß er dich wie ein Gärtner beschneidet. Wenn du beschnitten wirst, mach dir keine Sorgen. Gott hat seine eigene Methode, dich zu beschneiden. Laß es an dir geschehen.

Als ich in Tor Fiscale war, wo einige ihr Noviziat machen, sah ich, wie Rebzweige beschnitten wurden. Voll Verwunderung fragte ich mich: Wie können da noch Blätter, Zweige und Früchte wachsen? Aber der Winzer, der die Reben genau am Ansatz der Zweige beschnitten hat, versteht seine Arbeit. Wie daraus wieder Zweige, Blätter und Früchte wachsen, weiß ich nicht. Aber wenn ich in einigen Monaten dorthin zurückkehren sollte, ist es gut möglich, daß die Reben voller Trauben hängen – eben weil sie so stark beschnitten wurden.

Für euch ist es genauso. Jetzt seid ihr beschnitten, völlig abgeschnitten, und ihr seht nichts – keine Blätter, keine Zweige, nichts.

6/41

Ein Leben, das Schmerz und Armut lindert

La Vanguardia, Barcelona, schrieb:

»Ein Leben, das Schmerz und Armut lindert – Die Mutter der Ärmsten starb. [...] Mutter Teresa hinterläßt eine tiefe Spur im Leben von Millionen Menschen. Ihr Leben war ein Zeugnis des Glaubens und des Dienstes an den Mitmenschen, besonders an den Ärmsten der Armen. Diese alte Frau, die die Jahre noch älter machten, zerbrechlich und klein, war und wird vielen, Gläubigen und Nicht-Gläubigen, Vorbild sein [...]

Sie war bei den Hungernden von Äthiopien, bei den Opfern von Tschernobyl, in den Trümmerhaufen der Erdbeben von Armenien und Peru, in den verseuchten Straßen vieler Städte Indiens [...]

Mutter Teresa faßte ihr Leben und ihr Werk in einem Satz zusammen: ein Tropfen Güte in einem Ozean des Leidens. Nur wenig bleibt zu sagen. Eine geliebte, bewunderte und großzügige Frau ist gestorben, Ansporn und Vorbild vieler. Sie beklagte sich über niemanden, nicht einmal über die Reichen.«

1/166

Frömmigkeit und Mut

In dem Artikel »Die Frömmigkeit und der Mut« aus *La Stampa* erinnert Gabriele Romagnoli eindrucksvoll an Mutter Teresa:

»Sie lebte dort, wo das Leben nicht Leben war und wo nur der Tod das Bild von sich selbst trug [...] Sie versuchte, weder den Tod zu vernichten noch die Welt zu ändern – denn niemandem ist dies gegeben –, sondern einfach nur, beide – den Tod und die Welt – annehmbar zu machen, denn sowohl das eine als auch das andere sind unumgänglich [...]

Sie beugte sich über die Geringsten und bemühte sich, ihnen nicht Hoffnung, denn das wäre eine Illusion, sondern die Würde, das letzte mögliche Geschenk, zu geben [...]

Ihr Gesicht, das einer vergangenen Zeit angehörte, zeigt die heilige Inschrift des Leidens. Sie sprach mit tiefer und kräftiger Stimme, die nicht zu einer Frau gehörte, die sich in Wehklagen ergeht [...]

Ines Gonxha Bojaxhiu schuf das bedeutendste Frauenbild dieses Jahrhunderts: das von Mutter Teresa von Kalkutta, die sich selbst als rechte Hand des Papstes fühlte. Sie schenkte uns die Tugenden wieder, die in der Geschichte dieses Jahrhundert auf dem Trümmerhaufen gelandet sind: die Frömmigkeit und den Mut, den Respekt vor dem Leben und vor dem Tod.«

1/164

Das Testament Mutter Teresas

Eine religiöse Zeitschrift schrieb kurz nach dem Tode Mutter Teresas, daß ihr Testament – abgesehen von den mehr als 500 Gemeinschaften der Missionarinnen der Nächstenliebe – ihre Liebe zu Christus sei. Aber ihr eigentliches Testament sei das Vermächtnis ihres Lebens.

»Ein Leben, das in seiner Armut den reichsten, noch unbekannten Schatz in sich birgt: ein Leben, das von Selbstlosigkeit, von Mitmenschlichkeit, von guten Worten und gemeinnützigem Handeln nicht nur ein bißchen besitzt, sondern ein Leben, dem Gott von allem ganz viel gegeben hat.

Ein Leben, um es nachzuahmen, und vor allem, um um ein solches inständig zu bitten. Denn das Leben der Mutter Teresa von Kalkutta und ihr wichtigstes Testament ist nichts anderes als die unermeßliche Gnade, die sie mit offenem Herzen von Gott empfangen und aufgenommen hat. Gott selbst, sein tiefstes Geheimnis, ist das Vermächtnis, das sie uns hinterläßt.«

1/25

Nachrufe

Einige Tage nach dem Tod Mutter Teresas erschien in ABC der Artikel »Teresa Nummer 3« über sie:

»Die beiden anderen, Teresa von Ávila und Thérèse von Lisieux, sind bereits strahlende Erscheinungen am christlichen Firmament. Wer zweifelt heute daran, daß auch der Name *Teresa von Kalkutta* neben diesen beiden wie ein glänzender Stern am Himmel der Kirche und der Menschlichkeit für immer aufleuchtet?«

Mutter Teresas berühmte Freundin Indira Gandhi sagte von ihr: »Vor Mutter Teresa fühlen wir uns klein und voller Scham.«

Die Gestalt Mutter Teresas regte unter vielen anderen Menschen auch den Regisseur Pierpaolo Pasolini an, sie zu beschreiben:

»Schwester Teresa ist eine alte Frau mit bräunlichem Teint, hager, mit fast männlichen Wangenknochen und einem sanften Blick, der, wohin er schaut, sieht, und in ihren Zügen ist eine wahrhafte Güte eingeprägt. Ich muß zugeben, daß mir niemals der Geist Christi lebendiger und sanfter erschienen ist. Eine außergewöhnlich gelungene Transplantation.«

1/11 & 1/71 & 1/169

Das Leben der Seele

Das Leben der Seele ist das Leben Jesu Christi selbst. Jesus ist mit dem Vater und dem Heiligen Geist die wirksame Ursache der heiligmachenden Gnade in unserer Seele. Durch dieses Leben läßt mir Jesus Christus seinen Geist zukommen. Wenn ich ihm nichts in den Weg lege, wird er für mich zum Prinzip eines höheren Tätigseins, das mich dazu bewegt, mit ihm, durch ihn und wie er zu denken, zu urteilen, zu lieben, zu leiden und zu arbeiten.

So wird unser äußeres Tun zum Beweis dafür, daß Jesus in mir lebt, und ich verwirkliche das Ideal des heiligen Paulus: »Nicht mehr ich lebe, sondern Christus lebt in mir.«

Wenn wir dieses innere Leben lernen, erfüllen sich die Worte des Herrn für uns: »Wer in mir bleibt und in wem ich bleibe, der bringt reiche Frucht.«

4/39

Tag der Erleuchtung

Im vergangenen Jahr feierten wir das goldene Jubiläum des *Tages der göttlichen Eingebung* (10. September 1946). Meiner Meinung nach war das ganze Jahr ein Jahr des besonderen Dankes an Gott. Nie werden wir zum Fundament dieses großen Geschenkes stoßen, das wir durch den Orden erhalten haben. Niemals dürfen wir aufhören, dafür zu danken.

Unsere Dankbarkeit
sei beständiger Beschluß,
Jesu Durst zu stillen
durch ein Leben wahrer Nächstenliebe,
Jesus zu lieben
durch das Gebet und durch die Liebe zu ihm
in unseren Brüdern:
durch die Liebe zu Jesus
in den Ärmsten der Armen.

1/14

Über die Zukunft des Ordens

Jemand, der offensichtlich mehr als Mutter Teresa um die Zukunft des Ordens besorgt war, fragte sie: »Mutter Teresa, was geschieht mit den Missionarinnen der Nächstenliebe an dem Tag, an dem Sie sterben?«

Sie antwortete: »Wenn der Orden ein Werk Gottes ist, wird er weiterleben. Sollte er das nicht sein, ist es besser, wenn er stirbt.«

Zweifelsohne: Mutter Teresa meinte es so, was sie es sagte.

1/5

Genügsam

Mutter Teresa gab einem anderen auf die Frage, wie es nach ihrem Tode mit dem Orden der Missionarinnen der Nächstenliebe weiterginge, zur Antwort:

»Darum sorge ich mich nicht im geringsten. Gott wird jemanden finden, der genügsamer, gehorsamer, gläubiger und anspruchsloser ist als ich, jemanden, der einen tieferen Glauben hat, durch den wichtigere Dinge zu Ende geführt werden können. Lassen wir Gott die Zukunft planen, wenn das Gestern vorbei, das Morgen noch nicht ist und wir nur das Heute haben, um ihn zufriedenzustellen, ihn zu lieben und ihm zu dienen.«

Und ein anderes Mal:

»Ich glaube, wenn Gott jemanden findet, der noch weniger nützlich ist als ich, wird er trotzdem größere Dinge vollbringen, denn es ist sein Werk. Ich bin überzeugt, daß die Schwestern die Arbeit mit derselben Hingabe tun werden. Wenn sie stets treu zur Armut und zur Eucharistie stehen, werden sie den Armen treu bleiben. Warum sich sorgen – es gibt nichts zu befürchten. Gott wird immer jemanden finden, genauso wie er mich gefunden hat.«

1/85 & 3/165

Ein Brief von Bruder Andrew

Alle Jahre zu Weihnachten schickte Bruder Andrew, der gemeinsam mit Mutter Teresa den Orden der *Brüder des göttlichen Wortes* gegründet hatte, den über die ganze Welt verstreuten Freunden des Ordens liebenswürdige und dicht beschriebene Briefe. Auch als er nicht mehr an der Spitze des Ordens stand, ließen die Brüder aus den Vereinigten Staaten nicht zu, daß er mit diesem Brauch aufhörte.

Der Weihnachtsbrief 1997 begann folgendermaßen: »Für uns wird 1997 immer als das Jahr in Erinnerung bleiben, in dem unsere geliebte Mutter in das ewige Leben eintrat. Seit dem Tod unserer geliebten Mutter haben die Brüder immer wieder festgestellt, daß ihr Leben erstaunliche Frucht hervorbringt. Wir sind ununterbrochen Zeugen davon, was Jesus vollbracht hat durch die Freude vieler Herzen, die dem Werk Mutter Teresas durch Christus folgten, zugunsten der Ärmsten unter den Armen.«

1/15

Ökumene der Hilfe

Jeder Mensch kommt aus Gottes Hand, und wir alle wissen, was die Liebe Gottes für uns bedeutet. Für mich ist meine Religion alles, aber für jeden einzelnen ist sie das, was Gott in seiner Gnade dieser Seele gegeben hat. Gott wirkt auf seine Weise in den Herzen der Menschen, und wir können nicht wissen, wie nahe sie ihm sind. An ihrem Tun aber werden wir immer erkennen, ob sie zu seiner Verfügung stehen oder nicht.

Ob Hindu, Moslem oder Christ: Wie du dein Leben lebst, zeigt, ob du ihm ganz gehörst oder nicht. Wir dürfen nicht urteilen oder verurteilen und auch nicht weitersagen, was anderen schaden könnte.

Vielleicht hat einer noch nie etwas vom Christentum gehört. Wir wissen nicht, auf welche Weise Gott sich dem einzelnen offenbart und wie er ihn an sich zieht. Wir können uns deshalb nicht anmaßen, irgend jemanden zu verdammen.

5/130

Der Weg zur Erlösung

Für den einzelnen ist es wichtig, welcher Kirche er angehört. Wenn er davon überzeugt ist, daß sie für ihn der einzige Weg zu Gott ist, kommt Gott eben auf diese Weise in sein Leben. Wenn er keinen anderen Weg kennt, keine Zweifel hat und nicht suchen muß, dann ist das sein Weg zur Erlösung, der Weg, auf dem Gott in sein Leben kommt.

Sobald aber eine Seele die Gnade hat, mehr über Gott, über Glaube und Religion zu erfahren, dann muß sie anfangen zu suchen. Sucht sie nicht, wird sie in die Irre gehen.

Gott gibt jeder Seele, die er erschaffen hat, die Chance, ihm gegenüberzutreten, ihn anzunehmen oder abzulehnen.

5/131

Jede Religion glaubt an Ewigkeit

Jede Religion glaubt an Ewigkeit – an ein anderes Leben: Dieses Leben ist nicht das Ende: Menschen, die glauben, es sei das Ende, fürchten den Tod. Wenn man es richtig erklärte, daß der Tod nichts anderes ist als der Heimgang zu Gott, würde es keine Furcht mehr geben.

Wir helfen den Armen, mit Gott zu sterben. Wir helfen ihnen, Gott um Vergebung zu bitten. Das ist eine Sache zwischen ihnen und Gott allein. Und sonst niemandem. Keiner hat das Recht, hier dazwischenzutreten. Wir helfen ihnen nur, ihren Frieden mit Gott zu machen, weil das die größte Notwendigkeit ist: im Frieden Gottes zu sterben.

Der Gesunde mag dem Tod näher sein als der Sterbende. Er mag geistig tot sein, nur sieht man es nicht. Wer sind wir schon, das zu beurteilen? Darum ist die Abtreibung eine so schwere Sünde. Man tötet nicht nur Leben, sondern stellt sein eigenes Ich über Gott.

5/129

Eine heftige Reaktion

Der verantwortliche Redakteur für das Ressort Religion einer Zeitschrift führte mit Mutter Teresa ein Interview. Sie bekräftigte ihren Standpunkt vom unantastbaren Status des Lebens, Ungeborene eingeschlossen.

Der Journalist wollte wissen, ob sie der Meinung sei, daß in einem bestimmten Fall das Recht auf Leben antastbar sei, beispielsweise in einem Krieg.

Ohne etwas zu sagen, schüttelte Mutter Teresa den Kopf. Sie konnte sich damit nicht einverstanden erklären, daß einem menschlichen Wesen das Leben genommen werde.

»Doch die Kirche lehrt, daß es einen gerechten Krieg gibt«, widersprach der Journalist.

Mutter Teresa schüttelte wieder ablehnend den Kopf. »Nein, das kann ich nicht glauben.«

Der Journalist fuhr aufgebracht fort: »Die Katholiken müssen aber eine solche Lehre glauben!«

Mutter Teresa sah ihn an, und mit einer Heftigkeit, die man selten an ihr erlebte, fragte sie ihn: »Wollen Sie damit sagen, daß ich nicht katholisch bin?«

1/63

Das alleinige Werk Gottes

»Alles ist Gottes Werk, nicht das meinige.«
Dieser Glaube macht die innere Kraft begreiflich,
mit der Mutter Teresa all ihre Aufgaben erfüllte:

»Bei der Wahl des apostolischen Werkes der Missionarinnen der Nächstenliebe gab es weder ein Konzept noch vorherige Planung. Wir haben die neuen Aufgaben in ihrer Notwendigkeit angenommen, so wie sie Gott uns gestellt hat. Er übernimmt es, uns in jedem Augenblick das sehen zu lassen, was sein Wille ist.«

1/74

Teilen ist ein Zeichen des Glaubens

Eine Französin sandte der Arbeit Mutter Teresas eine großzügige Spende mit folgender Erklärung:

»Ich hatte mich entschlossen, einen neuen Wintermantel zu kaufen. Nachdem ich durch eine Reportage in einer Zeitschrift von der Arbeit Mutter Teresas erfahren hatte, entschied ich, daß der Mantel, den ich habe, noch gut einen oder vielleicht auch noch zwei Winter ausreicht. Was ich geschickt habe, ist der entsprechende Betrag für den Mantel, den ich nicht gekauft habe.«

Nicht weniger anteilnehmend war das Beispiel einer Telefonangestellten aus einem ländlichen Gebiet, die einen Scheck, gemeinsam mit dieser Erklärung, schickte:

»Der Scheck, den ich beilege, entspricht dem Haushaltsgeld für das Abendessen eines Monats. Morgens und mittags esse ich reichlich. Ich weiß, daß es Menschen gibt, die das nicht können, und habe mich entschlossen, einen Monat lang auf die dritte Mahlzeit zu verzichten und das dadurch Ersparte den Allerärmsten zu spenden. Wenn ich darüber hinaus noch ein paar Kilo Übergewicht verliere, habe ich einen doppelten Nutzen.«

Mutter Teresa sagte, daß die Bedeutung eines Opfers nicht darin liegt zu geben, was im Überfluß vorhanden ist, sondern darin, sich von etwas zu trennen, was wertvoll ist. So kommen diese und Millionen anderer Spenden für Mutter Teresas Werk zusammen.

1/67

Eine beeindruckende Reaktion

In einer indischen Stadt hatten die Einwohner für unsere Armen von Burown ein bißchen Geld gesammelt und wollten es mir übergeben. Deswegen fuhr ich dorthin.

Dort anwesend war auch ein Vertreter der Mission Ram Kristna, die nicht christlich ist. Am Ende sagte er: »Wenn ich die Schwestern der Mutter Teresa durch unsere Straßen gehen sehe, wenn ich sie mit so viel Freude beten sehe, habe ich den Eindruck, daß Jesus zurückgekehrt ist, um erneut auf den Straßen der Welt zu wandeln.«

Alle waren beeindruckt. Ich muß hinzufügen, daß ich die einzige Katholikin dort gewesen bin.

1/65

Eine Heilige unserer Tage

Als Mutter Teresa 1979 den Friedensnobelpreis erhielt, schrieb eine Wochenzeitung, die sie auch als »letzte Heilige« bezeichnet hatte:

»Das Gesicht Mutter Teresas ist ein Symbol der Hoffnung für alle Menschen, sowohl für Katholiken wie auch für Nichtkatholiken. Jeden Tag seit ihrem Noviziat hilft sie Sterbenden, Leprakranken, Verlassenen.

Ihre gebrechliche Verfassung hindert sie nicht daran, der Welt ihre Botschaft der Liebe zu verkünden. Mutter Teresa ist ein lebendes Beispiel, daß es das Heiligsein gibt. Sie ist eine unvergängliche Frau mit einem grenzenlosen Glauben.«

1/54

Gesten der Güte

Ich verdiene keine Preise. Aber ich nehme sie gerne an, nicht nur, um der Güte derjenigen, die mich auszeichnen, entgegenzukommen, sondern auch, weil ich solche Preise als nützlich für unsere Armen und Aussätzigen erachte.

Auf der anderen Seite habe ich immer den Eindruck, daß solche Gesten einen Großteil der Bevölkerung positiv stimmen für das Werk, das die Missionarinnen der Nächstenliebe für die Allerärmsten tun.

2/23

Mein Gebet für Euch besteht darin,
daß ihr wachsen möget in Heiligkeit durch Liebe füreinander –
denn wo Liebe ist, das Friede
... und wo Friede ist, da ist auch die Freude.
So haltet die Freude der Liebe untereinander in Eurem Herzen,
und teilt diese Freude mit allen, die Euch begegnen.

7/63

Aufforderung zur Selbsthilfe

Dieses Geld [des Friedensnobelpreises = DM 340.000] wird ein Wunder vollbringen. Wir arbeiten unter Tausenden von Leprakranken. Kaum einer von ihnen hat ein Dach über sich. Viele der Jungverheirateten können deshalb nie erfahren, was Familienleben eigentlich heißt.

Dieses Geld wird dazu gebraucht werden, Materialien zu kaufen. Mit denen werden unsere Armen sich Häuser bauen können. Für diese Arbeit bezahlen wir sie: also keine Almosen, sondern Aufforderung zu Selbsthilfe.

Wenn dann die jungen Familien ein Dach über dem Kopf haben, dann werden sie sehen, daß die Familie die Zelle für Frieden in unserer Welt ist …

5/36

WAS CHRISTSEIN BEDEUTET

Wenn wir Christen sind, müssen wir Christus ähneln, müssen wir werden wie er. Davon bin ich fest überzeugt.

Gandhi sagte einmal, wenn die Christen ein vollkommenes christliches Leben führen würden, gäbe es keine Hindus mehr in Indien.

Das ist es, was die Menschen von uns erwarten: daß wir unser Christsein vollkommen leben.

Ein Christ muß lernen zu verzeihen. Und uns muß verziehen werden, damit wir verzeihen können. Ich glaube, wenn Menschen, beispielsweise in Belfast und in Nordirland genauso wie in Bangladesh, Amman, New York und anderswo, sich gegenseitig verzeihen, würde Friede auf Erden sein.

3/153 & 3/145

Wo das Geheimnis ist

Wo das Geheimnis ist, muß es den Glauben geben. Den Glauben kann man nicht einfach wechseln, ganz gleich, wie man es betrachtet. Entweder man hat ihn, oder man hat ihn nicht. Für uns ist das ganz einfach, weil wir mit beiden Füßen auf dem Boden stehen.

Wir haben mehr an lebendiger Wirklichkeit. Es gab eine Zeit, da mußte die Kirche Majestät und Größe zeigen. Aber heute haben die Leute erkannt, daß es darauf nicht ankommt. Sie haben die Leere des ganzen Prunks entdeckt, so daß sie wieder auf den Boden der Wirklichkeit herunterkommen; aber dabei besteht die Gefahr, daß sie ihren richtigen Platz verfehlen.

4/25

Wenn wir richtig beten wollen

Wenn wir richtig beten wollen, müssen wir zuerst lernen zuzuhören, denn Gott spricht in der Stille des Herzens. Um diese Stille erfahren und Gott hören zu können, brauchen wir ein reines Herz, denn ein reines Herz kann Gott sehen, kann Gott hören, kann auf Gott hören.

Wenn es schwierig ist zu beten, müssen wir uns selber dabei helfen. Das erste Mittel dazu ist die Stille; denn betende Seelen sind Seelen großer Stille. Wir können uns nicht in die Gegenwart Gottes versetzen, wenn wir nicht innere und äußere Stille üben.

Gott ist der Freund der Stille.

4/114

Innere Stille

Die Stille läßt uns alles auf neue Weise sehen. Wir brauchen Stille, um Seelen anrühren zu können. Nicht was wir sagen, ist wesentlich, sondern was Gott zu uns und durch uns sagt. Jesus wartet in der Stille immer auf uns. In dieser Stille wird er auf uns hören, wird er zu unserer Seele sprechen, werden wir seine Stimme hören.

Innere Stille ist schwer zu erreichen, aber wir müssen uns darum bemühen. In der Stille finden wir neue Kraft und wirkliches Einssein. Die Kraft Gottes wird in allem unser sein, damit wir alles gut zu tun vermögen. Unsere Gedanken werden eins sein mit seinen Gedanken, unsere Gebete mit seinen Gebeten, unser Tun mit seinem Tun, unser Leben mit seinem Leben.

All unsere Worte werden nutzlos sein, wenn sie nicht aus unserem Innern kommen. Worte, die nicht das Licht Christi geben, vergrößern die Dunkelheit.

4/115

Bete mit der Glut des Verlangens

Bete gern, verspüre oft während des Tages das Bedürfnis zu beten, und bemühe dich darum. Wenn du besser beten willst, mußt du mehr beten. Das Gebet macht das Herz weit, bis es Gott, der sich dir schenkt, zu fassen vermag. Bitte und suche, und dein Herz wird groß genug werden, ihn aufzunehmen und als dein eigen zu behalten.

Bete – bitte um Gnade, bitte darum, daß du verstehen mögest, wie Jesus dich geliebt hat, damit du andere zu lieben vermagst, und bete für uns, damit wir nicht das Werk Gottes zunichte machen.

Um fruchtbar zu sein, muß das Gebet von Herzen kommen und das Herz Gottes zu rühren vermögen. Sieh, wie Jesus seine Jünger beten lehrte. Nenne Gott deinen Vater, lobe und rühme seinen Namen. Tu seinen Willen, bitte um das tägliche Brot, das geistliche und das zeitliche, bitte um Vergebung für deine eigenen Sünden und darum, anderen vergeben zu können – wie auch um die Gnade, vom Bösen, das in uns und um uns ist, erlöst zu werden.

Vollkommenes Beten braucht nicht viele Worte, sondern die Glut des Verlangens, die das Herz Jesu erfüllte.

4/116

Praktizierte Demut

Wir können nicht auf die Beichte verzichten. Die Beichte ist nichts anderes als praktizierte Demut. Wir nennen sie Bußsakrament, doch in Wahrheit ist es ein Sakrament der Liebe, ein Sakrament der Vergebung. Deshalb sollte die Beichte nicht der Ort für lange Gespräche über unsere Schwierigkeiten sein. Sie ist der Ort, wo ich Jesus die Möglichkeit gebe, alles Trennende und Zerstörerische von mir zu nehmen.

Wenn sich ein Graben zwischen mir und Jesus auftut, wenn meine Liebe geteilt ist, dann kann alles mögliche in diesen Graben gelangen und ihn auffüllen. Bei der Beichte sollten wir ganz einfach sein wie ein Kind, das zu seinem Vater geht. Wenn ein Kind noch nicht die Bosheit kennt und noch nicht zu lügen gelernt hat, dann erzählt es alles. Das meine ich, wenn ich sage, wir sollten wie Kinder sein.

6/20

Jesus in der Gestalt des Brotes

Wenn wir Jesus in der Gestalt des Brotes sehen können, können wir ihn auch in den geschundenen Leibern der Armen sehen. Darum brauchen wir das Einssein mit Christus, brauchen wir den Glauben an Christus.

Armut ist ein so wunderbares Geschenk Gottes für uns alle – es gibt weniger Hindernisse. Sehr oft verbergen sich hinter dem Wunsch, etwas zu erlangen, Gier, Eifersucht, Verwirrung. Dann können wir Gott nicht sehen. Es ist ein Hindernis.

Die Arbeit hält das Gebet nicht auf und das Gebet nicht die Arbeit. Es bedarf nur einer kleinen Erhebung des Herzens zu ihm: »Ich liebe dich, Gott, ich vertraue auf dich, ich glaube an dich, ich brauche dich jetzt.«

5/129

OKTOBER

Der Hunger nach Liebe

Gott ist genügsam

Gott ist genügsam. Er wählte die Genügsamkeit, indem er einer von uns wurde. Er wurde zum Brot des Lebens, um unseren Hunger nach Liebe zu stillen, da wir ja nach dem Ebenbilde Gottes geschaffen wurden. Weil Gott die Liebe ist, sind wir geschaffen worden, um zu lieben. Für dieses allerhöchste Ziel sind wir geschaffen worden.

Darum sollen die Lahmen und Blinden, die Leprakranken, die Unerwünschten, die Ungeliebten unsere Brüder und Schwestern sein. Auch sie, genauso wie ihr und ich, wollen genährt werden, wollen vom Brot des Lebens essen, wollen den Hunger nach Gott stillen: den Hunger, den auch wir verspüren.

2/43

SEHT DIE GÜTE GOTTES!

Seht die Güte Gottes!
Es reichte ihm nicht, einer von uns zu werden.
Er wollte unseren Hunger stillen.
Deswegen machte er sich selbst zum Hungernden!
Deswegen machte er sich selbst zum Besitzlosen!
Deswegen machte er sich selbst zum Obdachlosen!

Und er sagte: »Was ihr dem geringsten meiner Brüder tut, das habt ihr mir getan! Denn ich hatte Hunger, und ihr habt mir zu essen gegeben.«

Jesus, im geringsten seiner Brüder, hatte nicht nur Hunger nach einem Stückchen Brot. Er hungerte nach Liebe, danach, erkannt zu werden, danach, anerkannt zu werden.

Es mangelte ihm nicht nur an Kleidung. Er war vor allem seiner menschlichen Würde beraubt. Und auch die Armen fühlen sich allzu häufig ihrer Würde beraubt. Oft, meist durch Ungerechtigkeit verursacht, ist es dies, was den Armen genommen ist: menschliche Würde.

2/44

Von der heiligen Thérèse

Bei der Ausbildung der Novizinnen in Rom sagte ihnen Mutter Teresa während der Exerzitien:

»Die heilige Thérèse von Lisieux erzählt in *Geschichte einer Seele* von einer Frau, die zu ihr gekommen war und ununterbrochen von den Vorzügen ihres Gatten erzählte: von seinem langen Haar, von seinen herrlichen Augen etc., kurz, sie war sehr in ihn verliebt. Die ›kleine Blume‹ hörte sich alles an und schrieb dann in ihr Tagebuch: Niemals werde ich zulassen, daß irgendeine Frau ihren Gatten mehr liebt, als ich dich liebe, geliebter Jesus.«

Mutter Teresa, die von den Gedanken der Heiligen, deren Namen sie bei ihrer Profeß gewählt hatte, durchdrungen war, legte ihren Schwestern nahe:

»Wir dürfen uns nicht schämen, Jesus mit all unseren Empfindungen zu lieben, genau so wie eine Frau, die ihren Gatten von ganzem Herzen liebt. Eine Gattin kann einen Mann nicht mehr lieben. Wir können die ganze Welt in Gott lieben. Unser Keuschheitsgelübde beeinträchtigt uns keineswegs: Es beschränkt sich nicht auf eine Liste von Verboten und Neins. Betrachtet es genau, und ihr seht: Es erlaubt uns, in Fülle zu leben.«

1/90

Der heilige Franz

1948 bat Mutter Teresa, damals noch eine der Schwestern Unserer Lieben Frau von Loreto, in einem Brief an den Vatikan um die Erlaubnis, den Orden zu verlassen, um ein völlig anderes Leben zu führen.

In diesem Brief erklärte sie, sie wolle den heiligen Franz von Assisi als Vorbild nehmen.

Der Bearbeiter ihres Gesuchs im Vatikan, der ihren Brief las, war beeindruckt, daß jemand in Indien sich den zum Vorbild wählte, von dem Dante gesagt hatte, er sei der heiligste unter den Italienern und der italienischste unter den Heiligen.

1/43

Gott ist die Liebe

In der Heiligen Schrift lesen wir, wie feinfühlig Gottes Liebe ist. So sehr hat er die Welt geliebt, daß er seinen Sohn sandte. Jesus wurde einer von uns, er brachte uns die frohe Botschaft, daß Gott Liebe ist, daß Gott dich und mich liebt. Gott möchte, daß wir einander lieben, wie er jeden von uns liebt.

Wenn wir auf das Kreuz blicken, verstehen wir, wie sehr Jesus uns geliebt hat. Und wenn wir auf die Eucharistie schauen, verstehen wir, wie sehr er uns jetzt liebt. Er macht sich zum Brot des Lebens, um unseren Hunger nach seiner Liebe zu stillen. Und als würde ihm das noch nicht genügen, macht er sich zum Hungernden, zum Nackten, zum Heimatlosen, damit wir die Möglichkeit haben, seinen Hunger nach unserer Liebe zu stillen.

Denn dazu sind wir geschaffen: zu lieben und geliebt zu werden.

6/73

Jesus – das Brot des Lebens

Unser Ideal ist Jesus, nichts anderes. Wir müssen denken wie er, lieben wie er und wünschen, was er wünscht. Wir müssen es ihm ermöglichen, uns ganz in seinen Dienst zu nehmen.

Die Demut Christi ist wunderbar: »Er war Gott gleich, hielt aber nicht daran fest, wie Gott zu sein, sondern er entäußerte sich und wurde wie ein Sklave und den Menschen gleich. Sein Leben war das eines Menschen ... « (Philipper 2,6ff) [...]

Jesus tritt in unser Leben ein als das Brot des Lebens. Er gibt sich uns zur Speise, er läßt sich von uns verzehren. So sehr liebt er uns. Und er kommt in unser Leben als einer, der Hunger hat. Er hofft, daß wir ihm das Brot unseres Lebens, unseres liebenden Herzens und unserer dienenden Hände geben. Wenn wir lieben und dienen, bezeugen wir, daß wir als Abbild Gottes geschaffen sind. Denn Gott ist Liebe, und wenn wir lieben, sind wir ihm ähnlich. Das meinte Jesus, als er sagte: »Ihr sollt ... vollkommen sein, wie es auch euer himmlischer Vater ist« (Matthäus 5,48).

6/50ff

WIEDER UND IMMER WIEDER

In unserer Stadt leben Abertausende Aussätzige. Ich bin überzeugt, daß alle, trotz ihres abstoßenden Äußeren, unsere Bewunderung verdienen.

In Kalkutta feiern wir jedes Jahr mit ihnen Weihnachten. Im vergangenen Jahr konnte ich dabei sein. Ich sagte zu ihnen, daß ihre Krankheit die Gnade ist, die der Herr ihnen sandte, daß Gott die Aussätzigen in besonderem Maße liebe und daß die Krankheit keinesfalls Strafe für eine Sünde bedeute.

Mir gegenüber saß ein alter Mann, der durch die Krankheit furchtbar entstellt war. Nachdem ich gesprochen hatte, setzte er sich zu mir und sagte: »Mutter, ihre Worte haben mich sehr glücklich gemacht. Bitte wiederholen sie sie noch einmal. Ich glaubte immer, daß uns niemand liebt. Wie wunderbar ist es zu wissen, daß Gott uns liebt. Ich bitte sie, Mutter: Wiederholen Sie ihre Worte, bitte!«

1/99

Den Hunger stillen

Jesus hat euch geliebt, und er liebt mich. Er liebte und liebt die Leprakranken, die einsam Sterbenden, die Alkoholiker, die Behinderten und diejenigen, die niemand liebt. Er liebt sie mit einer großen Liebe. Er ist für sie gestorben und hörte nicht auf zu sagen: »Liebt einander, so wie ich euch geliebt habe. So wie der Vater mich geliebt hat, so liebe ich euch. Ich habe euch so geliebt, wie mein Vater mich liebt.«

Der Vater liebte ihn, indem er ihn hingab. Er liebte uns, indem er ihn uns schenkte. Er wurde zum Brot des Lebens, damit wir ihn zu uns nehmen und leben können, damit wir unseren Hunger nach Liebe und nach Gott stillen können.

3/55

Jesus empfangen und leben

Jesus ist immer derselbe, gestern, heute und morgen. Er bleibt derselbe, um uns verstehen zu lassen, daß er uns lieben will, so wie er euch und mich liebt. Jesus machte sich zum Brot des Lebens, um unseren Hunger nach Gott zu stillen. Und er sagte: »Wenn ihr mein Fleisch nicht eßt und mein Blut nicht trinkt, werdet ihr nicht leben können.«

Wir brauchen das Abendmahl. Wir brauchen Jesus in der heiligen Eucharistie. Er machte sich zum Brot des Lebens – zu einem leicht zu brechenden Brot! So können wir ihn empfangen. Ihr und ich können ihn empfangen und leben. Aber da dies Jesus nicht genügte, machte er sich zum Hungrigen, zum Nackten, zum Obdachlosen, so daß ihr und ich ihn speisen, ihn bekleiden, ihm Obdach bieten können. Und er wurde es, damit wir in der Stunde unseres Todes nur darüber gerichtet werden.

2/98

Die kleine Blume

In Mutter Teresas letztem Brief, den sie diktierte und der wegen ihres plötzlichen Todes ohne Unterschrift blieb, freute sie sich über die Ernennung ihrer Schutzheiligen zur Kirchenlehrerin: die heilige Teresa vom Kinde Jesu, Thérèse von Lisieux:

»Ich glaube, daß Jesus uns gerade ein großes Geschenk gemacht hat: Der Heilige Vater hat die *kleine Blume* zur Kirchenlehrerin ernannt. Könnt ihr euch das vorstellen? Weil sie *kleine Dinge mit großer Liebe* vollbracht hat, wird die Kirche sie zur Kirchenlehrerin erheben so wie den heiligen Augustinus und Teresa von Ávila. So erfüllt sich das Wort Jesu aus dem Evangelium, das er einem sagte, der einen bescheidenen Platz innehatte: ›*Mein Freund, rücke höher hinauf!*‹

Wir müssen bescheiden bleiben und uns die kleine Blume zum Vorbild nehmen, mit Vertrauen, Liebe und Freude. Erfüllen wir das Versprechen unseres Ordens, der Mutter Kirche Heilige zu schenken.«

1/14

Bei Tag und bei Nacht ist er da

Wo wird euch die Freude der Liebe zuteil? In der Eucharistie, in der heiligen Kommunion. Jesus hat sich zum Brot des Lebens gemacht, um uns das Leben zu geben. Bei Tag und bei Nacht ist er da. Wenn ihr wirklich in der Liebe wachsen wollt, dann geht zur Eucharistie, haltet Anbetung.

In unserer Kongregation hielten wir früher wöchentlich eine Stunde Anbetung; 1973 beschlossen wir, jeden Tag eine Stunde Anbetung zu halten. Wir haben viel Arbeit. Unsere Häuser für die Armen, Kranken und Sterbenden sind überall voll. Seit wir jeden Tag Anbetung halten, ist unsere Liebe zu Jesus inniger geworden, unsere Liebe füreinander verständnisvoller, unsere Liebe zu den Armen mitfühlender, und die Zahl der Berufungen hat sich verdoppelt.

6/73f

Liebe und Hunger

Es gibt nicht nur den Hunger nach Brot.
Es gibt auch den Hunger nach Liebe.
Danach, geliebt zu werden.
Danach, zu lieben.
Der Hunger nach Liebe
ist der schrecklichste.
Die Einsamkeit
ist ein anderer furchtbarer Hunger.

2/180

Ein Evangelium der Liebe

Unser Glaube ist ein Evangelium der Liebe. Es offenbart uns Gottes Liebe zu den Menschen und verlangt als Antwort die Liebe der Menschen zu Gott. »Gott ist die Liebe« (1 Johannes 4,8).

Eine Missionarin der Nächstenliebe muß deshalb die Liebe bezeugen. Wir müssen Gottes Liebe auf der Erde verbreiten, wenn wir möchten, daß die Menschen aus ganzem Herzen ihre Schuld bereuen, daß sie in der Versuchung stark werden, daß sie an Großherzigkeit wachsen und immer mehr wünschen, für Christus zu leben. Wir sollten unter den Menschen ein sichtbarer Ausdruck der Liebe Christi sein.

Denken wir an die Worte aus der *Nachfolge Christi* [Thomas von Kempen]: »Die Liebe spürt keine Bürde, mißt keine Mühe, möchte mehr tun, als sie kann. Sie klagt nicht über das Unmögliche, weil sie glaubt, daß sie alles tun darf und tun kann. Wenn sie müde ist, ist sie doch nicht erdrückt; wenn sie gefordert wird, erleidet sie keinen Zwang; wenn sie verängstigt ist, läßt sie sich nicht verwirren. Wie eine lebendige Flamme, wie eine brennende Fackel steigt sie empor und überwindet alle Widerstände.«

6/68

Wo beginnt die Liebe?

Immer wenn wir den Tabernakel ansehen, wird uns bewußt, wie sehr Jesus jeden von uns geliebt hat. Wir wissen, daß er sich in das Brot des Lebens verwandelt hat, damit wir einander lieben können. Christus hat sich in lebendiges Brot verwandelt, um uns diese Liebe zu zeigen und um uns Zeichen dieser Liebe zu geben, wie wir einander lieben sollen. Er sagt uns: »Liebt einander, so wie ich euch geliebt habe. So wie der Vater mich liebt, so liebe ich euch. Liebt einander.«

Wo beginnt diese Liebe? – In unseren Familien, zu Hause, dort, wo die Familie gemeinsam betet. Denn die Familie, die gemeinsam betet, hält zusammen und liebt sich gegenseitig, so wie Gott es wünscht.

2/52

Der Hunger eines Kindes

An folgendem Beispiel möchte ich euch zeigen, was wirklicher Hunger ist:

Eine Schwester gab einem Kind, das seit längerer Zeit nichts zu essen bekommen hatte, ein Stückchen Brot.

Ich sah, daß das Kind von dem Brot nur einen kleinen Krümel aß, und sagte zu ihm: »Ich weiß, daß du Hunger hast. Warum ißt du das Brot nicht?«

Der Kleine antwortete: »Ich möchte, daß es länger hält.«

Er hatte Angst, daß er auch dann noch Hunger haben würde, wenn er das Brot aufgegessen hätte. Deswegen aß er es nur krümelweise.

2/87

Ein Stückchen Brot

Ein anderes Kind aß überhaupt nichts. Ich dachte, es sei längst fertig mit dem Essen, doch der Kleine erklärte mir: »Mein Papa ist krank. Ich habe großen Hunger; aber ich glaube, mein Papa würde sich sehr über das Stückchen Brot freuen.«

Dieses kleine gute Wesen wollte auf sein Essen verzichten, um seinem Vater mit diesem Stückchen Brot eine Freude zu machen.

Die Armen sind großartige Menschen! Sie brauchen unser Mitleid nicht und bitten auch nicht darum – sie verdienen unsere Liebe.

2/87

Die grosse Armut – das Nicht-gewollt-Sein

Eine Familie, die zusammen betet, bleibt zusammen. Von diesem Gebet kommt auch die Vertiefung des Glaubens, daß Gott uns liebt in der heutigen Welt.

Den Menschen in Deutschland, die von Natur aus großherzig sind, müssen wir helfen, den Armen zu dienen. Ohne Glauben geht das nicht. Gebet muß sie dahin führen. Sehr oft haben wir die Armen in unserem Hause und wissen es nicht. Wir glauben, daß hungrig sein nur mit Brot zu tun hat. Noch viel bitterer ist der Hunger nach Liebe.

Einsamkeit verbreitet sich immer mehr im Westen. Die große Armut ist das Nicht-gewollt-Sein. Das geborene ebenso wie das ungeborene Kind ist ein Geschenk Gottes. Wir sollen die Armen zuerst in unserem Heim suchen, dann beim Nachbarn, in der Straße, in der Stadt und in der ganzen Welt.

Christus hat uns in diese Welt gesandt, um seine Liebe und sein Mitleid zu sein.

5/75

Unsere Arbeit ist mehr als nur ein Mittel

Unsere Berufung ist nichts anderes, als Christus zu gehören. Die Arbeit, die wir verrichten, ist nichts anderes als ein Mittel, unsere Liebe zu Christus in konkrete Taten zu verwandeln. Er machte seine Liebe zu uns bis zum Letzten lebendig, indem er für uns am Kreuz starb und sich in das Brot des Lebens verwandelte.

Auf die gleiche Art und Weise wollen auch wir unsere liebende Liebe in lebendige Taten verwandeln, indem wir mit Zärtlichkeit den Ärmsten der Armen dienen und uns um sie kümmern.

Es wird euch nicht überraschen zu hören, was die jungen Frauen – unsere eigenen Töchter – denken und schreiben:
»Ich wünsche für mich ein Leben in Armut,
im Gebet und im Opfer,
ein Leben,
das mich zum Dienst an den Armen führt.«

2/60

WER IST DIE KIRCHE?

Aber wer ist die Kirche?
Ihr seid sie und ich.
Jesus braucht keine Tempel.
Nur die Menschen brauchen sie.
Die Kirche sind die, die ihm folgen.
Ich versuche, ihm jeden Tag aufs neue zu folgen.

Wir leben umgeben von Menschen,
die Hunger nach Liebe haben.
Und die geben wir ihnen.
Wenn alle das Bild Gottes
in ihren Nächsten entdecken würden –
glaubt ihr, daß wir Panzer und Generäle
noch nötig hätten?

3/156

Wenn unsere Liebe lügt

Überall gibt es einsame Menschen.
Kennen wir sie?
Vielleicht stehen sie in unserer Nähe,
direkt neben uns ...

Johannes hat eindeutig gesagt:
»Wenn jemand sagt: Ich liebe Gott,
aber seinen Bruder haßt, ist er ein Lügner.
Denn wer seinen Bruder nicht liebt, den er sieht,
kann Gott nicht lieben, den er nicht sieht« (1 Johannes 4,20).

Und er selbst beschrieb den, der behauptet,
Gott, aber nicht seinen Nächsten zu lieben:
»Er ist ein Lügner.«

3/22

Kleine grosse Taten

Vielleicht wohnt ein Blinder auf demselben Stockwerk wie ihr, euch gegenüber, der glücklich wäre, wenn ihr ihm die Zeitung vorlesen würdet.

Vielleicht braucht eine Familie etwas nicht besonders Wichtiges, vielleicht nur dies: eine halbe Stunde auf ihr Kind aufzupassen.

So etwas kommt häufig vor, so etwas ist nicht besonders wichtig, und die Menschen nehmen es kaum wahr. Aber für euch, besonders für euch Töchter der Nächstenliebe, sind dies keine unwichtigen Dinge: Es sind liebevolle Zeichen unserer Liebe zu Christus.

Um folgendes bitte ich euch: Stellt eure Hände zur Verfügung, um den Armen zu dienen, wo immer ihr sie auch findet.

Gebt immer wieder eure Herzen hin, sie zu lieben.

Ich glaube, so können wir gemeinsam diese Welt mit Liebe und Frieden erfüllen.

Gott segne euch.

3/103

Ein kleines Lächeln

Ein kleines Lächeln vielleicht,
ein kurzer Besuch,
einfach helfen, Feuer zu machen,
für einen Blinden einen Brief schreiben,
ein paar Eimer mit Kohlen hinauftragen,
ein Paar Schuhe finden,
jemandem vorlesen:
Das ist wenig, ja ganz wenig,
aber es wird unsere Liebe zu Gott in die Tat umsetzen.

Auch wenn wir in diesem Jahr weniger Geld zusammenbringen, viel weniger Geld, aber dafür mehr von der Liebe Christi verbreiten und ausstrahlen – wenn wir dem hungernden Christus nicht nur ein wenig Brot geben, sondern auch ein wenig von unserer Liebe, von unserer Gegenwart, von unserer Gemeinschaft, dann könnte dieses Jahr das Jahr der lebendigen und wirklichen Explosion der Liebe sein, die Gott für die Welt hat.

6/26

EINSAM IM TOD

Folgendes erzählten mir die Schwestern unseres Hauses in New York:

Nachbarn benachrichtigten sie, daß hinter einer Tür ein übler Geruch herausströmte. Die Schwestern ließen die Tür öffnen. Sie fanden eine bereits verweste und von Ratten angenagte Leiche – eine unbekannte Frau, ohne genaues Todesdatum.

Die Schwestern versuchten herauszufinden, wer sie gewesen, welchem Beruf oder welcher Arbeit sie nachgegangen, wann sie geboren war, ob sie Familie hatte, verheiratet war ...

Nichts!

Für die Nachbarn war sie einfach nur die Mieterin von einem beliebigen Stockwerk: Nicht einmal die von nebenan wußten etwas über sie.

Es ist erschreckend: diese Armut, diese Einsamkeit, diese Angst, das Wissen, nicht geliebt zu werden, den anderen nichts zu bedeuten ...!

Eben dies müssen wir verhindern, und wir müssen in unseren Familien damit anfangen. Andererseits, selbst wenn irgend jemand behaupten würde, die Schwestern in New York brächten nichts Bemerkenswertes zustande, glaube ich, daß es sich lohnt, obwohl sie nur kleine Gesten vollbringen, denn sie erfüllen sie im Auftrag Jesu.

1/94

MENSCHEN HUNGERN NACH LIEBE

Die Armen müssen wissen, daß wir sie lieben, daß sie erwünscht sind. Sie selbst haben nichts zu geben außer Liebe. Wir fragen uns, wie wir diese Botschaft der Liebe und des Mitgefühls verständlich machen können. Wir versuchen, der Welt durch unsere Arbeit Frieden zu bringen. Aber ist diese Arbeit nicht das Geschenk Gottes?

Die Menschen von heute hungern nach Liebe, nach verstehender Liebe, die die einzige Antwort auf Einsamkeit und bittere Armut ist. Deshalb können wir in Länder wie England, Amerika und Australien gehen, wo es keinen Hunger nach Brot gibt. Aber dort leiden die Leute unter schrecklicher Einsamkeit, schrecklicher Verzweiflung, schrecklichem Haß, fühlen sich unerwünscht, hilflos, hoffnungslos.

Sie haben das Lächeln verlernt, sie haben die Schönheit menschlicher Berührung vergessen. Sie wissen nicht mehr, was menschliche Liebe ist. Sie brauchen jemanden, der sie versteht und achtet.

Wissen Sie, die Jungen beginnen zu verstehen. Sie wollen mit ihren Händen dienen und mit ihren Herzen lieben. Ganz und gar, nicht nur oberflächlich.

5/29

Botschafter der Liebe

Seid großzügig: Teilt das, was ihr besitzt, mit anderen Ländern – Ländern wie dem Jemen.

Im Jemen heißen die Missionarinnen der Nächstenliebe »Botschafter der Liebe«. Warum? Die Menschen erkennen, daß die Schwestern ihre Liebe zu Christus in greifbare Taten verwandeln. Deswegen sagen sie: »Es ist das erste Mal, daß wir die christliche Liebe ganz lebendig verwirklicht sehen.«

Sie sind sich bewußt, daß sie mit Menschen, die von Gott kommen, zu tun haben, mit Botschaftern seiner Liebe auf der Welt. Daß seine Anwesenheit in diesem Land, das in der Dunkelheit versunken war, dem Leben der Jemeniten ein neues Licht gegeben hat.

2/178

Nicht viele Dinge, sondern viel Liebe

Wichtig ist nicht,
wieviel wir tun,
sondern mit wieviel Liebe
wir unsere Taten vollbringen.

Die Schwestern kamen in einem muslimischen Land, im Südjemen, an. Zum ersten Mal seit 800 Jahren betraten Katholiken dieses Land. Im Südjemen haben unsere Schwestern dem Leben der Menschen Licht gebracht.

Der muslimische Regierungschef schrieb in diesem Sinne nach Rom: »Was verwirklichen die Schwestern hier? Nicht mehr, als den hungrigen Christus zu sättigen, den nackten Christus zu bekleiden, dem obdachlosen Christus Schutz zu gewähren.«

2/120

Jesu schmerzhaftes Antlitz

Jesus, der Obdachlose: Ihm fehlte nicht nur ein Haus aus Ziegeln und Zement. Seine Obdachlosigkeit bestand aus einer schrecklichen Einsamkeit. Einer Einsamkeit, die eine schlimmere Krankheit ist als Lepra, als Tuberkulose und als jede andere Krankheit, die der menschliche Körper ertragen kann.

Sich nicht geliebt zu fühlen,
nicht erwünscht zu sein,
nicht wahrgenommen zu werden,
niemanden zu haben, der zu einem gehört,
das ist eine ungeheure Armut,
das ist die schwere Krankheit unserer Tage!

Die Liebe und der Wunsch, Christus in den Armen zu dienen, ist etwas so Essentielles für die Missionarinnen der Nächstenliebe, daß Mutter Teresa einmal sagte: »Wenn es auf dem Mond Arme gibt, werden wir dorthin gehen.«

2/44f

Kostbar in seinen Augen

Jedes einzelne Kind, du und ich, wir alle wurden für etwas Größeres erschaffen: zu lieben und geliebt zu werden.

Wir wissen aus der Schrift, daß Gott zum Propheten sagt: »Ich habe dich beim Namen gerufen, du bist mein, du bist kostbar in meinen Augen, ich liebe dich.« Diese Worte besagen, daß wir für Gott kostbar sind, er liebt uns und will, daß auch wir ihn lieben. [...]

Er liebt mich. Und wie liebt er mich? Er sagt es: »Selbst wenn eine Mutter ihr Kind vergessen würde: Ich vergesse dich nicht. Ich habe dich in meine Handfläche eingeschrieben.« Ich habe über diesen Text nachgedacht und sagte mir: Millionen und Abermillionen müssen in seiner Hand sein, und dennoch kann er mich sehen – dort, in seiner Hand! Ich muß ein ganz kleines Teilchen sein, aber ich muß mich dort befinden, weil er es sagt.

Es ist herrlich, daran zu denken, vor allem dann, wenn wir leiden, uns einsam fühlen oder betrübt sind. Denk daran, du bist dort – und gerade dann, wenn du am stärksten leidest, ruhen seine Augen auf dir, bist du für ihn kostbar.

Wir sind kostbar für ihn. Ein Mensch stirbt auf der Straße – kostbar für ihn. Ein Millionär – kostbar für ihn. Ein Sünder – kostbar für ihn. Weil er uns liebt.

5/30

Gott im Herzen lieben

Wie können wir Jesus finden? Er hat es uns ganz leicht gemacht: »Liebt einander, so wie ich euch geliebt habe« (Johannes 15,12).

Wenn wir vom Weg abgekommen sind, dann steht das herrliche Sakrament der Versöhnung für uns bereit. Wir gehen als Sünder mit Sünden zur Beichte. Durch die große Barmherzigkeit Gottes kehren wir zurück als Sünder ohne Sünden.

Wir brauchen nicht zu verzweifeln, wir müssen uns nicht das Leben nehmen, wir brauchen nicht den Mut zu verlieren – wenn wir verstanden haben, wie zärtlich Gottes Liebe ist.

Du bist ihm kostbar. Er liebt dich, und er liebt dich mit einer solchen Zärtlichkeit, daß er dich mit seiner Hand geformt hat (vgl. Jesaja 64,7). Das sind Gottes Worte, die in der Heiligen Schrift geschrieben stehen.

Du weißt es.
Wenn dein Herz ruhelos,
wenn es verletzt ist,
wenn es zu brechen scheint,
dann ruf dir in Erinnerung:
Ich bin Gott kostbar.
Er liebt mich.
Er hat mich beim Namen gerufen.
Ich bin sein.
Als Beweis dieser Liebe
ist Christus am Kreuz gestorben.

6/20f

Der Weg, die Wahrheit und das Leben

Es ist egal, ob es in euren Klassen Reiche und Arme gibt. Wichtig ist der Wert der Liebe, mit der ihr unterrichtet. Wenn man die Wahrheit liebt, wird Christus wahrscheinlich der wirkliche Lehrer werden.

Christus machte niemals Unterschiede zwischen reichen und armen Zuhörern. Er war für alle der Weg, die Wahrheit und das Leben: die Liebe. Er ist unser Vorbild.

Armut bedeutet für dich und für mich das gleiche: Sie besteht darin, Christus, der reich war und sich für uns arm machte, zu erlauben, das selbstlose Leben, das er für sich wählte, weiterzuführen.

Selbst wenn er, aus welchen Gründen auch immer, ausschließlich Schüler aus vermögendem Haus hätte, bestünde kein Anlaß zur Besorgnis: Es ist nicht das Geld, nach dem du suchen sollst, sondern nach der Seele der Kinder, jener Wesen, die die Kinder Gottes sind.

1/101

Überzeugt von Christi Liebe

Ich darf nicht beurteilen, wie Gott an mir handelt; ich darf nicht die Schritte zählen, die er mich machen läßt. Ich darf mich nicht danach sehnen zu wissen, wie ich auf dem Weg vorankomme, und auch nicht, wo ich auf dem Weg zur Heiligkeit stehe.

Ich bitte ihn einfach darum, daß er mich heilig werden läßt. Wie diese Heiligkeit aussieht und welche Mittel und Wege dahin führen, darüber kann nur er befinden.

Bin ich überzeugt von Christi Liebe zu mir und von meiner Liebe zu ihm? Diese Überzeugung ist wie das Sonnenlicht, das den Lebenssaft fließen und die Knospen der Heiligkeit aufblühen läßt. Diese Überzeugung ist der Fels, auf dem die Heiligkeit aufbaut.

Was müssen wir tun, um zu dieser Überzeugung zu kommen? Wir müssen Jesus kennenlernen, Jesus lieben, Jesus dienen. Wir lernen ihn kennen durch das Gebet, die Meditation und die Praxis der geistlichen Übungen. Wir lieben ihn durch die heilige Messe, die Sakramente und durch die innere Liebeseinheit.

6/48f

NOVEMBER

Die Armen sind die Hoffnung der Welt

Das Silberjubiläum

Unsere Schwestern kümmern sich um die Ärmsten der Armen: die Krüppel, die Blinden, die Geisteskranken. Wir haben Heime für die Kranken und Sterbenden. In diesem Jahr [1977] feiern wir das Silberjubiläum unseres ersten Heimes für Sterbende in Kalkutta. In diesen 25 Jahren haben wir über 36 000 Menschen von den Straßen aufgelesen, und über 16 000 starben bei uns.

Ich dachte, es würde eine sehr sinnvolle Art sein, das Silberjubiläum zu feiern, wenn wir es am 1. November, dem Allerheiligentag, begehen. Ich bin fest davon überzeugt, daß alle, die bei uns gestorben sind, im Himmel sind; sie sind wirklich Heilige, sie sind in Gottes Gegenwart. Es mag sein, daß sie auf dieser Erde unerwünscht waren, aber sie sind Gottes geliebte Kinder.

4/96

Die Armen sind das Geschenk Gottes

Die Armen sind das Geschenk Gottes; sie verkörpern unsere Liebe. Christus wird uns nicht fragen, wieviel wir geleistet haben, sondern mit wieviel Liebe wir unsere Taten vollbracht haben.

Es gibt viele geistig arme Menschen. Die geistige Armut, die man in Europa, in Amerika findet, ist eine schwer zu tragende Last. Es ist sehr schwierig, das Zeugnis von Gottes Liebe in diese Länder zu tragen ...

Unser geistliches Leben ist ein von Gott abhängiges Leben, und seine Frucht ist die Arbeit für die Armen. Wir versuchen, diese Arbeit zu »beten«, indem wir sie für Jesus, in Jesus und auf Jesus hin erfüllen ...

Die Armen sind »die Hoffnung«.
Durch ihren Mut verkörpern sie wirklich die Hoffnung der Welt ...
Sie haben uns eine andere Art gelehrt, Gott zu lieben:
Sie haben uns angespornt,
das Äußerste zu tun,
um sie aufzurichten.

5/52

Armut und Freiheit

Für uns ist Armut Freude.
Für uns ist Armut Freiheit.
Für uns ist Armut ein Geschenk,
das wir Gott machen.
Es ist etwas,
mit dem wir uns Jesus nähern.

Ich will damit nicht sagen, daß die Armut einfach nur darin besteht, keine Sachen zu besitzen. Wir sind nicht reich, wenn wir Geld oder Eigentümer oder sonstige Dinge haben. Darum geht es nicht.

Was ist Armut?
Armut ist Freiheit.
Die Freiheit, daß das, was ich besitze,
nicht Besitz nimmt von mir.
Daß das, was ich besitze,
mir nicht zur Qual wird.
Daß die Dinge mir nicht verbieten
zu teilen, zu geben.

3/73

Armut bedeutet Freiheit

Für uns bedeutet die Armut Freiheit.
Es ist eine vollkommene Freiheit.
Wir können Jesus anschauen und ihm sagen:
»Du warst reich und hast dich arm gemacht,
um uns zu bereichern.«
Wir wollen reich sein in gerechtem Maße.

Folgendes möchte ich euch sagen: Und besäße man nicht mehr als einen Sari, so wäre er doch der meine. Wenn ich eine Missionarin der Nächstenliebe werde, wird mir der Sari zum Gebrauch gegeben, nicht als Besitz. Das ist der Unterschied zwischen einem eigenen Sari und einem, den man zum Gebrauch erhält.

Dergestalt ist unsere Stärke und unsere Freude.

3/72

Der geteilte Reis

Eines Abends stand ein Mann vor unserer Tür. Ich öffnete ihm, und er sagte: »Ich kenne eine Familie mit acht Kindern, die schon seit Tagen nichts zu essen hat.«

Ich nahm ein paar Lebensmittel und ging dorthin. Als ich beim Haus jener Familie ankam, sah ich die Augen der Kinder, die vor Hunger glänzten, doch ich entdeckte in ihnen weder Schmerz noch Traurigkeit.

Ich gab der Mutter den Reis, sie teilte ihn in zwei Portionen und ging weg.

Als sie wiederkam, fragte ich sie: »Wohin bist du gegangen?«

Sie antwortete mir schlicht: »Auch sie haben Hunger ...«

Sie – das waren die Nachbarn gegenüber. Sie wußte, daß auch sie unter Hunger litten. Es überraschte mich nicht, daß sie den Reis mit ihnen geteilt hatte, denn die Armen sind sehr großzügig.

Was mich überraschte, war, daß sie von dem Hunger der anderen wußte. Darin steckt etwas von der wahren Liebe Christi.

1/72

Hoffnungen

Das Schöne liegt nicht in der Armut, sondern im Mut zum Lachen und Hoffen, trotz der Armut.

Ich schätze weder Hunger noch Feuchtigkeit noch Kälte – sondern die Bereitschaft, ihnen die Stirn zu bieten, den Mut zu haben, auch in solchen Umständen zu leben.

Ich bewundere die Liebe zum Leben, die Fähigkeit, den Reichtum in kleinen Dingen zu entdecken, wie zum Beispiel in einem Stück Brot, das ich einmal einem jungen Inder gab; er aß es Brocken für Brocken, wobei er dachte, daß es so viel besser und nahrhafter wäre.

Während die Ärmsten der Armen frei sind, sind wir übermäßig um Brot, Wohnung, Geld, überhaupt um alle materiellen Dinge besorgt.

Schließlich stellen die Armen den größten menschlichen Reichtum der Welt dar, und wir verachten sie, wir behandeln sie wie Abfall.

Aber wir haben kein Recht, die Reichen zu richten. Wir wollen keinen Zusammenstoß der Klassen, sondern eine Vereinigung, eine Verbrüderung, indem die Reichen die Armen und die Armen die Reichen retten.

5/125

Was die Armen für uns bedeuten

»*Die Armen haben weder unser Erbarmen* noch unser Mitleid nötig. Die Armen verdienen unseren Respekt und unsere Bewunderung. Das Wenige, das wir ihnen geben, geben sie uns vielfach zurück«, wiederholte Mutter Teresa viele Male.

Sie hatte für alle einen Platz in ihrem Herzen. Für sie waren es alle Kinder Gottes, für die Christus gestorben ist und die deswegen Liebe verdienen. Wenn Gott um jedes Haar auf ihren Köpfen weiß, wenn niemand von der Liebe, die er uns in seinem Kreuz erwiesen hat, ausgeschlossen ist, wer sollte es wagen, sie von den irdischen Gütern und der menschlichen Wertschätzung auszuschließen, indem man sagt, ihr Leben sei nutzlos, es wäre besser, es zu beenden oder nicht geboren zu sein?

Wenn ich Mutter Teresa unter ihren Armen sehe, erinnere ich mich nicht daran, jemals eine solche Gleichheit unter den Menschen gesehen zu haben. Ihre Liebe für die Armen ist ein Spiegel der Liebe Gottes; sie macht alle gleich, so wie sich Brüder und Schwestern im Schoß einer Familie gleichen, selbst wenn sie sich in ihren intellektuellen Fähigkeiten, in ihrem Geschlecht, im Aussehen oder in ihrem Auftreten unterscheiden.

1/77

Über die Würde des Menschen

Damit wir uns gegenseitig leichter lieben können, hat Jesus uns gesagt: »Was ihr dem geringsten meiner Brüder tut, das habt ihr mir getan ... Wenn ihr ein Kind in meinem Namen aufnehmt, so nehmt ihr mich auf ... Wenn ihr jemandem ein Glas Wasser anbietet, so bietet ihr mir es an.«

Wenn wir uns vor dem Thron Gottes wiederfinden, werden wir folgende Frage beantworten müssen: »Ich war hungrig. Hast du mir zu essen gegeben? Ich war nackt. Hast du mich bekleidet?«

Nackt sein bedeutet nicht nur, keine Kleidung zu besitzen, mit denen man sich bedecken kann, sondern auch, der menschlichen Würde bloß zu sein. Obdachlos sein, bedeutet nicht nur, kein Haus zu besitzen, sondern auch, ohne Schutz, verlassen, am Rande der menschlichen Gemeinschaft zu sein.

2/180

Nicht von oben herab

Ich habe den Eindruck, daß heute viele die Armen nicht als menschliche Wesen mit der gleichen Veranlagung begreifen und daß man auf sie herabsieht.

Wenn wir ein tieferes Bewußtsein von der Würde der Armen hätten – ich bin überzeugt, es würde uns viel leichter fallen, uns ihnen zu nähern und sie als Kinder Gottes sehen, die mit den gleichen Rechten ausgestattet sind wie die ganze Welt: mit dem Recht auf Leben, Liebe und Unterstützung.

In unserer Zeit entwickelt sich die Welt schnell und rasant, und gleichzeitig gibt es welche, die auf diesem Weg ermüden und ihm nicht weiter folgen können. Auch sie sollen wir lieben, ihnen müssen wir dienen, und um sie müssen wir uns kümmern.

1/110

Die Armut ist unsere Aussteuer

Die Regeln der Missionarinnen der Nächstenliebe, die Mutter Teresa verfaßte, verbieten jeglichen Besitz. Mutter Teresa wollte nicht einmal, daß die Schwestern Eigentümer der Häuser seien, die ihnen als Bleibe dienten. Nach ihrem Willen hätte sie alles dem Heiligen Stuhl überschrieben. Doch die Gesetze in Indien verbieten, daß ein fremdes Land Eigentümer von inländischen Gütern ist. Mutter Teresa sagte bei mehr als einer Gelegenheit: »Unsere größte Gefahr besteht darin, reich zu sein.«

Drei kurze Texte fassen den Grundsatz über die Armut der Kongregation der Missionarinnen der Nächstenliebe zusammen: einer aus dem Evangelium, einer von Papst Paul VI. und der dritte von Mutter Teresa.

Im Evangelium heißt es: »Jesus antwortete ihm: Die Füchse haben ihre Höhlen und die Vögel ihre Nester; der Menschensohn aber hat keinen Ort, wo er sein Haupt hinlegen kann« (Lukas 9,58).

Paul VI. sagte: »Wir sind nicht auf der Suche nach einem Ersatz, der uns die Bequemlichkeit zurückgibt, der wir entsagt haben.«

Und folgender Satz stammt von Mutter Teresa: »Die Armut ist unsere Aussteuer.«

1/12f

Unser viertes Gelübde

Unser viertes Gelübde verlangt von uns,
immer bei den Armen zu sein,
ohne von ihnen irgendeine Belohnung zu erwarten.

Dies wird uns immun machen gegen die Gefahr,
unserem ursprünglichen Anspruch untreu zu werden.
Unsere Wahl ist so eindeutig,
daß es in ihr keinen Irrtum gibt.

Man weiß, wer die Armen sind und wo sie sich befinden.
Sie sind die Ursache unseres Lebens und unserer Arbeit.
Sie sind, in Christus, unser ureigenster Grund
unseres Seins und unserer Existenz.

2/21

Prüft euer Gewissen

Dieser Leprakranke, dieser Alkoholiker, dieser Bettler ist mein Bruder. Vielleicht weil wir ihm nicht die faßbare Liebe gegeben haben, befindet er sich auf der Straße, ungeliebt, ohne Beistand.

Ich glaube, daß wir uns bewußt machen müssen, daß die Armut nicht nur Hunger nach Brot ist, sondern ein furchtbarer Hunger nach menschlicher Würde: Hunger nach Liebe, Hunger danach, jemandem etwas zu bedeuten.

Hier begehen wir unsere Fehler und lassen die Menschen links liegen. Wir haben die Armen nicht nur um ein Stückchen Brot beraubt, sondern auch um ihre menschliche Würde – die ihnen als Kinder Gottes zusteht –, indem wir sie für wertlos erachten und sie auf den Straßen verkommen lassen.

Die Armen sind meine Brüder und Schwestern, und wenn sie dort sind, warum bin ich nicht an ihrer Stelle? Dies sollte uns eine wichtige Frage sein. Vielleicht wären wir dort, wo sie sind, wenn wir nicht Liebe und Zärtlichkeit empfangen hätten.

Niemals werde ich den Alkoholiker vergessen, der mir seine Geschichte erzählte: ein Mann, der dem Alkohol verfiel, um zu vergessen, daß niemand ihn liebte.

Ich glaube, wir müssen unser Gewissen prüfen, bevor wir über Arme urteilen, seien dies nun geistig oder materiell Arme.

3/162f

Vorwürfe

Bei einem feierlichen Treffen in Bangladore (Indien) bat die Schwester einer anderen Kongregation ums Wort und sagte: »Mutter Teresa, Sie haben die Armen durch ihr Tun eine schlechte Angewohnheit gelehrt.« (Sie meinte unseren unentgeltlichen Dienst gemäß unserem vierten Gelübde.)

Ich antwortete ihr: »Sie haben recht, Schwester, aber niemand hat uns eine schlechtere Angewohnheit gelehrt als Gott, unser Herr, der uns alles ohne Entgelt gegeben hat, ohne eine Gegenleistung zu verlangen. Niemals werden wir dem Genüge tun können, daß er das kostbare Blut seines Sohnes für uns vergossen hat.«

Und ich fügte hinzu: »So viele religiöse Kongregationen ›verderben‹ moralisch die Reichen, so daß es nicht schlecht sein kann, wenn zumindest ein Orden dasselbe mit den Armen macht.«

1/101

Die Armen Kalkuttas

Allein in Kalkutta helfen wir mehr als 20 000 Leprakranken, in ganz Indien über 50 000. Aber wir wissen, daß das nichts ist in einem Land, in dem die Zahl der Leprakranken vier Millionen beträgt.

Zuerst machen wir denjenigen, die zu uns kommen, klar, daß sie an dieser Krankheit leiden. Dies leuchtet vielleicht nicht sofort ein, und doch ist dieser Schritt sehr wichtig. Wir beschaffen dann die Medizin und versuchen, sie zu heilen.

Heute ist es nicht mehr notwendig, sie vom gesellschaftlichen Leben auszuschließen: Wenn sie rechtzeitig Hilfe bekommen, können sie vollständig geheilt werden. Deswegen versuchen die Schwestern zuallererst, sie davon zu überzeugen, zu uns kommen und sich dieser Krankheit bewußt zu werden.

In Indien wird diese Krankheit als Strafe der Götter gesehen. Dies ist Teil ihrer Religion. Die Schwestern versuchen alles menschenmögliche, sie zu heilen und ihnen ihre Würde wieder zurückzugeben.

2/16

Was zählt, ist das Herz

Nicht die Zahl unserer Taten ist wichtig, sondern die Liebe, mit der die Schwestern all ihre Taten vollbringen.

Um diese Art Arbeit verrichten zu können – und dies nicht nur einen Tag, sondern ein ganzes Leben lang –, geben sich die Schwestern der Liebe Christi hin: durch die ungeteilte Liebe in der Keuschheit, in die Freiheit der Armut, in die Ganzhingabe des Gehorsams.

In unserem Orden legen wir noch ein viertes Gelübde ab: das Gelübde vom unentgeltlichen Dienst an den Ärmsten der Armen. Dieses Gelübde, das Gelübde der Liebe, macht uns selbst zu den Allerärmsten, denn wir vertrauen vollkommen auf die göttliche Vorsehung.

3/42

DIE ZU TAT GEWORDENE LIEBE

Unsere Schwestern und Brüder geben in ihrem Leben sich gänzlich den Ärmsten hin; denn wir haben in unserer Kongregation neben dem Gehorsam, der Keuschheit und der Armut ein viertes Gelübde: Wir selber brauchen die Armut; denn wir müssen die Armen verstehen können.

Um die Armen verstehen zu können, müssen wir wissen, was Armut bedeutet. Wir müssen selber arm sein: Dies ist der Grund, daß in unserem Orden die Armut Freiheit für uns bedeutet. Daß sie Kraft bedeutet! Daß sie Freude bedeutet!

Wir gehören Jesus, und die zu unserem Dienst Berufenen gehören ihm. Sie sind nicht hier, um zu arbeiten, sondern weil sie Jesus gehören. Die Arbeit für die Armen ist nichts anderes als die zu Tat gewordene Liebe zu Gott.

3/60

Christus kennen und lieben lernen

Christus lieben können mit ungeteilter Liebe in der Keuschheit, mit der Freiheit der Armut, in der Ganzhingabe im Gehorsam und in einem freien, ungeteilten Dienst an den Ärmsten der Armen und an allen Menschen. [...]

Wenn wir Christus kennenlernen, ihn entdecken in der Gestalt der Armen, werden wir zu einer persönlichen Liebe zu ihm finden. Diese Liebe wird uns aber nur dann Licht und Freude schenken, wenn sie zu frohem gegenseitigem Dienst wird.

Vergeßt nicht, daß wir einander brauchen. Unser Leben wäre leer ohne die Beziehung untereinander. Wie können wir Gott und seine Armen lieben, wenn wir nicht die lieben, mit denen wir Tag für Tag zusammenleben und das Brot brechen?

6/42 & 6/72

Das Antlitz der Armut

Doch als ob dies nicht genug sei, als ob Jesus das nicht ausreiche, wurde er zum Hungernden, so daß ihr und ich seinen Hunger stillen, seine Nacktheit bekleiden, seiner Obdachlosigkeit Schutz bieten können. Er sagte: »Was ihr mir getan habt ... Ich war hungrig, nackt, obdachlos ...«

Der Mann, den wir verlassen auf der Straße gefunden haben, der Mann, den wir von den Straßen Kalkuttas geholt haben: Er war Jesus, verborgen unter seinem Antlitz. Er war Jesus, der hungerte.

Der Mann, den wir liebevoll ins Haus der Sterbenden brachten, der von Würmern fast aufgefressen war, murmelte: »Ich habe wie ein Tier auf den Straßen gelebt, aber ich werde geliebt und umsorgt sterben.«

Und genau so starb er und kehrte nach Hause, in die Nähe Gottes, zurück: Dieser war Jesus in der Verkleidung des Armen.

3/56

Ein reines Herz

Wir brauchen ein reines Herz,
um in den geistlich Ärmsten
Jesus erkennen zu können.

Je entstellter das Bild Gottes in einem Menschen ist, desto größer müssen unser Glaube und unsere Hingabe sein, damit wir in ihm das Antlitz Gottes finden und ihm in Liebe dienen können.

Wir betrachten es als eine Ehre,
in den geistlich Ärmsten
Christus dienen zu dürfen,
der sich in ihrem Leid verbirgt.
Wir dienen ihm in tiefer Dankbarkeit,
mit Hochachtung und im Geist brüderlichen Teilens.

6/32

Mein Geheimnis

Mein Geheimnis ist sehr einfach: Ich bete.
Durch das Gebet vereine ich mich in der Liebe mit Christus,
und mir wird bewußt, daß Beten bedeutet:
ihn lieben und seinen Auftrag erfüllen.

Vergeßt nicht, daß er uns sagt:
»Ich hatte Hunger, und ihr habt mich nicht gesättigt.«
Die Armen, die in den Elendsvierteln der Welt leben,
sind der Christus, der leidet.
In ihnen lebt und stirbt der Sohn Gottes,
und durch sie zeigt uns Gott sein wahres Antlitz.

Das Gebet bedeutet für mich,
24 Stunden jeden Tages
dem Willen Jesu zu entsprechen,
um für ihn, durch ihn und mit ihm zu leben.

3/156

Eine Begegnung

Desmond Doig schreibt: »Ich erinnere mich an Mutter Teresa, wie sie sich um die Leprakranken in den Elendsquartieren von Howrah, einem Vorort von Kalkutta auf der anderen Seite des Flusses Hoogley, kümmerte. Wenn Kalkutta schon arm ist, ist es Howrah erst recht: trostloser, voller Schlaglöcher, mit Müll überschwemmt, vollkommen übervölkert, scheußlich stinkend; ein Gebiet, hoch industrialisiert, das unter Verschmutzung und Arbeitslosigkeit erstickt. [...]

Ich fand eine Frau in einem weißen Sari mit blauem Saum. Geboren und aufgewachsen in Indien, fühlte ich mich jedesmal unwohl und war mißtrauisch gegenüber jenen Fremden, die es für notwendig erachteten, die typisch indische Kleidung zu tragen, um damit ihr Zugehörigkeitsgefühl zu demonstrieren. [...]

Aber dort war eine ganz normale Frau in einem ganz normalen Sari, [...] ein Mensch, der seiner Arbeit nachging, der genauso lebte, wie er arbeitete. Und ich mußte erfahren, daß sie alle ihre Beziehungen abgebrochen hatte, daß sie sich ganz dem Dienst an den Armen verschrieben hatte.«

1/94

Familienbande

Sobald wir uns dem Dienst an den Armen verpflichtet haben, werden sie zu unserer Familie.

Natürlich verneinen wir nicht die Bindungen an unsere natürliche Familie, aber der Kontakt zu ihr bleibt spärlich.

Nur unter außergewöhnlichen Umständen, beispielsweise wenn wir in eine Mission gehen und das Land verlassen müssen, gehen wir noch einmal nach Hause.

Ansonsten ist das nicht möglich, zum einen aus Gründen der Armut, weil wir kein Geld für Reisen verschwenden können.

Zum anderen aus einem dringlichen Grund: Niemand von uns kann seinen Platz an der Seite der Kranken, Sterbenden, Aussätzigen und Waisen verlassen, denn sie haben niemand anderen, der sich um sie kümmert.

2/23

Ein Glas Milch

Niemals habe ich mich geschämt, den Blick auf das Kreuz Jesu zu richten, bis zu einem Tag, an dem eine junge Mutter mit ihrem kleinen Kind in den Armen in unser Haus kam.

Sie sagte, daß sie sich an drei oder vier religiöse Einrichtungen gewandt hatte, um ein bißchen Milch für ihr Kind zu bitten.

Dort hatten sie ihr gesagt: »Du bist faul! Such dir eine Arbeit!« Und noch mehr in diesem Stil.

Als sie in unser Haus kam, nahm ich ihr das Kind ab. Es starb in meinen Armen.

Ich fühlte in mir eine ungeheure Schande, das Kreuz anzublicken. Jesus hat uns so viel geschenkt, und wir sind nicht in der Lage, einem so kleinen Kind ein Glas Milch zu geben!

1/93

Fürchtet euch nicht vor den Opfern

Haltet immer die Liebe zu den Ärmsten der Armen lebendig. Betrachtet es nicht als Zeitverschwendung, die Hungernden zu speisen, die Kranken und Sterbenden zu besuchen und für sie dazusein, den Ausgestoßenen und Heimatlosen die Tür zu öffnen und sie zu empfangen. Das ist unsere konkrete Liebe zu Christus. Je niedriger die Arbeit, desto größer sollten unsere Liebe und unser Einsatz sein. Fürchtet euch nicht vor den Opfern, die das Leben der Armut mit sich bringt.

Jeder von uns soll Jesus erkennen in der Person eines Armen. Je abstoßender eine Arbeit oder die Leute sind, desto größer müssen unser Glaube, unsere Liebe und unsere freudige Hingabe im Dienst an unserem Herrn sein, der sich hinter dem Elend und Leid verbirgt.

6/94 & 6/96

Arm mit dem Armen

Der Sari erlaubt den Schwestern, sich unter den Armen arm zu fühlen, sich mit den Kranken, den Kindern, den Alten und Hilflosen zu identifizieren. Die Missionarinnen der Nächstenliebe teilen durch ihre Kleidung die Lebensweise der Ärmsten dieser Welt.

Selbstverständlich braucht Indien für seine Entwicklung Techniker, Facharbeiter, Wirtschaftler, Ärzte, Krankenschwestern. Es braucht Planung und eine allgemeine Koordinierung der zu unternehmenden Schritte. Wie lang müßten wir aber auf diese Pläne warten, um schließlich Ergebnisse zu sehen? Wir wissen es nicht.

Währenddessen müssen die Menschen leben, brauchen sie etwas zu essen und anzuziehen, muß für sie medizinisch gesorgt werden. Unser erstes Arbeitsfeld ist das Indien, so wie es heute ist. Solange diese Bedürfnisse fortbestehen, werden wir unsere Arbeit fortsetzen.

5/24

In Bewegung seit einem halben Jahrhundert

Mutter Teresa spricht voller Bescheidenheit, ohne aufdringlich zu sein. Ihr Ton ist sanft und zärtlich. Ihre Stimme weich und überzeugend. Sie ist eine religiöse Frau, klein und hager. Sie hat einen gekrümmten Rücken. Wenn sie auf einem Stuhl sitzt, sieht sie aus wie ein Knäuel.

Wenn sie einen ansieht, wendet sie einem ihr Gesicht offen zu. Ihre Augen sind klar und rein, wie bei einem Kind.

Ihre Hände sind knotig, krumm und verbraucht vor Erschöpfung. Ihre Füße, in groben und plumpen Sandalen, sind verformt, weil sie Tausende von Kilometern durch staubiges, verschmutztes, steiniges Gelände gehen mußten.

Seit einem knappen halben Jahrhundert kennt sie keine Rast, um den Armen notwendige Hilfe zu bringen. Bei Regen und Sonnenschein – sie läuft immer zu Fuß und lächelt und betet dabei.

1/10

»Wie schaffen Sie das alles?«

Ein Journalist fragte Mutter Teresa:
»Mutter, wie schaffen Sie das alles,
Tag für Tag,
ohne auszuruhen?«

Sie antwortete ihm:
»Weil ich in den Armen
Jesus liebe und diene.«

1/7

Höre, wie Jesus zu dir spricht

Ich weiß, daß ihr die Armen liebt – sonst wärt ihr nicht hier. Aber jeder einzelne von uns soll sich bemühen, daß seine Liebe freundlicher, nachsichtiger und froher wird, damit wir mit den Augen des Glaubens im Antlitz der Armen noch klarer das Antlitz Christi erkennen.

Die Liebe für die Armen ist wie eine lebendige Flamme. Je trockener das Brennholz ist, desto heller brennt es. Wenn unser Herz frei ist von irdischen Beweggründen und ganz eins mit dem Willen Gottes, werden wir frei von allem Unnützen unseren Dienst tun, wie es der Gehorsam verlangt.

Höre, wie Jesus, der mit dir ist, zu dir spricht:
›Ich möchte, daß du mein Feuer der Liebe
unter den Armen, Kranken, Sterbenden und Kindern bist.
Ich möchte, daß du die Armen zu mir bringst.‹
Lerne diesen Satz auswendig.
Wenn es dir an Großzügigkeit fehlt,
dann wiederhole ihn.

6/94 & 6/91

Entschieden handeln

Mutter Teresa erhielt eine Einladung eines belgischen Bischofs, der unklare Vorstellungen vom Geist der Missionarinnen der Nächstenliebe hatte. Er schlug der Gründerin vor, daß ihre Schwestern ein Gästehaus für Priester, nicht besonders luxuriös, aber auch nicht kostenlos, führen sollten.

Er erhielt eine kategorische Absage: »Exzellenz, wenn Ihr Vorschlag einen uneigennützigen Dienst an den Allerärmsten Ihrer Diözese betreffen würde, könnten Sie auf uns zählen. Jedoch keinesfalls unter den Umständen und Bedingungen, die Sie in Ihrem Brief erwähnen.«

Eine andere Antwort dagegen schickte sie dem Bischof von Südkorea, der sie gebeten hatte, ein Haus in seiner Diözese zu eröffnen. Da dort extreme Armut herrsche, könne er keine Sicherheiten bieten.

»Exzellenz, Ihr Brief hat mich überzeugt, daß es in Ihrer Diözese einen geeigneten Platz für unseren liebevollen und selbstlosen Dienst an den Ärmsten der Armen gibt. Sorgen Sie sich nicht um die Mittel: Gott hat sie uns immer gegeben, und er wird sie uns auch weiterhin geben, denn es ist sein Werk.«

1/96

Von Christus erfüllt sein

Damit unser Leben Frucht bringt, müssen wir von Christus erfüllt sein. Wir können seinen Frieden, seine Freude und seine Liebe nur dann weitergeben, wenn wir selbst davon erfüllt sind.

Wir können nicht geben, was wir nicht haben; sonst wären wir Blinde, die einen Blinden führen.

Die Armen in den Slums sind ohne Jesus, und wir haben das Vorrecht, in ihre Häuser kommen zu dürfen.

Was sie von uns denken, spielt keine Rolle; es kommt darauf an, was wir für sie sind.

In die Slums zu gehen, bloß um etwas zu tun, genügt nicht; dadurch allein können wir die Armen nicht zu Jesus führen.

Wenn du mit dir selbst und deinen Dingen beschäftigt bist, wirst du unser Ideal nicht leben können.

6/59

DEZEMBER

Sucht Gott in eurer Familie

Adventszeit ist wie ein Frühling

Die Adventszeit ist wie ein Frühling, wenn die Natur in neuer Frische und Schönheit aufblüht. Der Advent sollte auch uns neu werden lassen, damit wir Christus aufnehmen können, unter welcher Gestalt er auch zu uns kommen mag.

An Weihnachten kommt er als kleines, hilfloses Kind, vollständig angewiesen auf seine Mutter und all das, was die Mutterliebe geben kann.

Die Demut ermöglichte der Mutter, Magd des Herrn zu sein – ihm zu dienen: Christus, Gott von Gott, dem wahren Gott vom wahren Gott.

Können wir erfassen, welch großes Geheimnis ihre abgrundtiefe Demut erfüllt hat? Von Jesus und Maria können wir lernen. Wenn wir möchten, daß Gott uns erfüllt, müssen wir uns durch die Demut freimachen von allem Egoismus, der in uns ist.

6/139

Jesus ist in die Welt gekommen

Jesus ist in die Welt gekommen, um uns die frohe Botschaft zu bringen, daß Gott Liebe ist. Er liebt uns, er liebt dich und mich. Er möchte, daß wir einander lieben, wie er jeden von uns liebt. Lieben wir ihn!

Wie liebte ihn der Vater? Er schenkte ihn uns. Wie hat Jesus uns geliebt? Er gab sein Leben für uns; er gab uns alles, was er hatte, für mich und für dich. Aus Liebe zu uns ist er am Kreuz gestorben. Wenn wir auf das Kreuz schauen, verstehen wir die Größe seiner Liebe. Wenn wir auf die Krippe schauen, verstehen wir die Zärtlichkeit seiner Liebe zu dir und mir, zu deiner Familie und jeder Familie.

Dazu ist Jesus gekommen: um uns die Zärtlichkeit der Liebe Gottes zu zeigen. »Ich habe dich beim Namen gerufen, du gehörst mir« (Jesaja 43,1).

6/145

Ein Lächeln für die Meinigen

Bei mir zu Hause!
Im Schoß meiner Familie!
Es ist nicht notwendig, auf die Straße zu gehen.
Hier, bei mir zu Hause!

Erkenne ich den Christus im Schmerzenskleid?
Was ist mit meinen Eltern:
meinem Vater, meiner Mutter?
Erkenne ich sie?
Wenn sie älter werden,
sind sie uns manchmal eine Last.
Bin ich fähig,
ihnen Geduld entgegenzubringen?
Bin ich fähig,
ihnen ein Lächeln zu schenken?
Bedeuten sie mir etwas Besonderes?

2/46

Im Altenheim

Vor einiger Zeit besuchte ich ein erlesenes Altenheim. Es war ein hervorragend ausgestattetes Gebäude für etwa 40 Personen, in dem nicht das geringste Detail fehlte.

Ich bemerkte, daß alle in Richtung Tür saßen und sie anstarrten. Kein einziger lächelte dabei. Ich fragte die Schwester: »Schwester, warum lächelt niemand von ihnen? Warum starren sie ununterbrochen die Tür an?«

Sie gab mir eine ernste und klare Antwort:
»So ist es jeden Tag.
Sie hoffen, daß jemand sie besuchen kommt.
Sie wiederholen es immer wieder:
Vielleicht ist es mein Sohn, meine Tochter,
irgend jemand meiner Familie,
der mich besucht.«

1/107

Wo sind unsere Nächsten?

Wo sind unsere alten Menschen?
In irgendeinem Altersheim!
Warum sind sie nicht bei euch?

Wo ist das behinderte Kind?
In irgendeiner speziellen Einrichtung!
Warum ist es nicht bei euch?
Dieses Kind,
ihr jungen Väter und Mütter,
ist ein Geschenk Gottes.

Betet für euch, damit ihr das Werk Gottes
nicht zunichte macht ...
Betet, daß kein Vorsatz und kein anderes Interesse
euch davon ablenken und es vereiteln,
daß wir immer in der Eucharistie,
in der Gestalt des Brotes und
im Schmerzenskleid der Armen
an Christus glauben.

3/63

Christsein heisst Geben

Wo sind heute unsere alten Leute? Sie sind in Heimen. Wo ist das ungeborene Kind? Wo? Tot. Vorbei. Warum? Weil wir es nicht wünschen.

Ich empfinde es als große, große Armut, daß im Westen ein Kind sterben muß, weil wir Angst haben, ein Kind mehr zu ernähren, ein Kind mehr zu erziehen. Das Kind muß sterben, bevor es geboren ist. Ist das nicht eine große Armut?

Die Furcht davor, daß man in der Familie noch einen alten Menschen ernähren muß, bewirkt, daß der Mensch abgeschoben wird; und doch müssen wir eines Tages dem Herrn begegnen. Was werden wir ihm antworten, wenn er nach jenem kleinen Kind fragt, nach dem alten Vater und der Mutter, die seine Geschöpfe sind, Kinder Gottes? Wie wird die Antwort lauten?

Gott hat all seine Liebe in die Schaffung des menschlichen Lebens gelegt; daher haben wir kein Recht, es zu zerstören, besonders wir nicht, die verstehen, daß Christus für jenes Leben gestorben ist, um es zu retten. Christus ist gestorben und hat alles für das Kind hingegeben, und wenn wir wirklich Christen sind, dann gilt auch für uns das Wort jenes Hindus: »Christentum ist Geben.«

4/80

Die Heilige Familie

Jesus, Maria und Josef – die Heilige Familie aus Nazaret – geben uns ein wunderbares Beispiel, was eine Familie gemeinsam vollbringen kann:

Josef war ein einfacher Zimmermann, der mit diesem Beruf Jesus und Maria ernährte. Er war verantwortlich für Lebensmittel, für Kleidung – für das, was sie brauchten.

Maria, die Mutter, erfüllte ihre schlichte Aufgabe: Sie war Hausfrau, hatte einen Gatten und einen Sohn, denen sie ein Zuhause gab und um die sie sich kümmerte. Sie sorgte für ein geregeltes Leben und für ein Heim, in dem alle gerne beisammen waren. Dort regierten Liebe, Innigkeit, Zuwendung und gegenseitige Zärtlichkeit. So wuchs Jesus auf.

Sie sind uns Vorbild, und wir beginnen uns zu fragen: Wie geht es in meiner Familie?

Mangel kommt nicht unbedingt daher, daß uns das eine oder andere fehlt. Nur wenn wir füreinander, einer für den anderen, da sind, besitzen wir alles.

2/177

Eine Bitte an Jesus

Bitten wir Jesus,
daß er unsere Familien zusammenhält
und daß er uns auch hilft,
die Freude aufrechtzuerhalten,
uns gegenseitig zu lieben.

Bewahrt und verbindet durch Maria
in euren Herzen das Herz Jesu.
Wer könnte besser als Maria und Josef
unsere Familien zusammenhalten?
Wer kennt die Freude,
sich gegenseitig zu lieben,
besser als sie –
ebenso wie den Frieden und
die Zärtlichkeit der Liebe?

2/187

Jegliche Familie braucht die Liebe Gottes

Ich hoffe, ihr betet, daß Gott sich auch
in euren Familien niederläßt.
Und ich hoffe, daß ihr für euren Sohn, für eure Tochter betet:
um eure Kinder dem Dienst an Gott anzubieten,
damit sie seine Güte, seine Liebe verwandeln,
damit sie der Glanz des Lebens in der Welt sind,
damit sie der brennende Ruf Gottes in der heutigen Welt sind.

Noch nie hat die Welt so sehr
der Liebe Gottes bedurft wie heute.
Es ist nicht wichtig, wer ihr seid.
Vielleicht seid ihr eine christliche,
eine katholische oder eine nicht-christliche Familie.
Doch jede Familie sollte beten,
sollte sich Gott zuwenden,
sollte an Gott glauben.
Wir sollten an die Liebe Gottes glauben.

2/102

Liebe beginnt im Schoss der Familie

Wo beginnt die Liebe?
Im Schoß unserer Familie.
Und wie beginnt die Liebe?
Indem man gemeinsam betet.

Seht, was die Liebe verändert!
Die Liebe eines Vaters!
Die Liebe eines Kindes!
Dies kann uns helfen,
unsere Herzen Gott zu öffnen.

Jeder von uns –
auch dieser Landstreicher,
der an uns vorbeigeht –
wurde für etwas Großes geschaffen:
um zu lieben und um geliebt zu werden.

2/37 & 2/182

Wir lernen die Liebe bei uns zu Hause

»Gestern« ist bereits vorbei.
»Morgen« kommt noch.
Wir besitzen nur »heute«.

Helfen wir unseren Kindern, so zu sein, wie sie heute sein wollen. Wenn »morgen« kommt, wenn »morgen« schon »heute« sein soll, besitzen sie bereits den notwendigen Mut, dem »Heute« mit größerer Liebe zu begegnen. Denn die Liebe beginnt zu Hause.

Ich glaube, daß wir von Anfang an unsere Kinder lehren müssen, sich zu Hause gegenseitig zu lieben. Dies können sie von niemand anderem lernen als von ihrem Vater und ihrer Mutter.

Sie sehen es in der Liebe, die der Vater der Mutter und die die Mutter dem Vater entgegenbringt.

Ich glaube, dies gibt unseren Kindern die Kraft, diese Liebe in das »Morgen« hineinzutragen.

2/48

Beten wir zu Maria

Laßt uns zu Maria, unserer Mutter, beten,
die an unserer Seite ist!
Laßt uns zu ihr beten,
die nicht nur die Mutter Jesu ist,
sondern die auch herrlich und unbefleckt,
die vollkommene Reinheit ist:
die Unbefleckte, voll der Gnade.

Wenn Maria bei uns bleibt,
können wir Jesus in unseren Herzen bewahren,
und es wird uns möglich sein,
ihn in den Allerärmsten zu lieben
und ihm in den Allerärmsten zu dienen.

2/50

Mit Maria beten

Wir müssen zur Muttergottes beten. In katholischen Familien gibt es den wunderbaren Brauch, gemeinsam den Rosenkranz zu beten. Wir müssen uns im Schoß der Familie der Muttergottes zuwenden, um mit ihr zu beten.

Genauso wie sie sich um Jesus kümmerte, wird sie sich auch um eure Kinder und um euch sorgen. Und auch um das ungeborene Kind wird sie Sorge tragen, so wie sie es bei ihrem Kinde Jesus tat, als er noch nicht geboren war.

Sie brachte ihn voller Eifer den übrigen Menschen. Streben auch wir danach, Jesus allen Menschen zu bringen, durch die Freude, die uns erfüllt, und durch die Heiligkeit unseres Lebens.

2/105

Aufmerksam sein für den anderen

Aufmerksam sein für den anderen
ist die Grundlage großer Heiligkeit.
Wenn ihr die Kunst lernt, aufmerksam zu sein,
werdet ihr mehr und mehr Christus ähnlich;
denn er war von Herzen gütig
und dachte immer an die anderen.
Jesus zog umher und tat Gutes
(vgl. Apostelgeschichte 10,38).

Maria hat bei der Hochzeit zu Kana nichts anderes getan,
als darauf zu achten, was die Leute brauchten,
und es Jesus zu sagen.
Das Einfühlungsvermögen von Jesus, Maria und Josef
in die Not der anderen war so groß,
daß Nazaret zum Haus Gottes wurde.
Wenn wir diesen wachen Blick der Liebe füreinander haben,
dann werden auch unsere Gemeinschaften zur Wohnung Gottes.

5/37

ERINNERUNG AN IHRE MUTTER

Nie werde ich meine Mutter vergessen... Meine Mutter war eine Heilige. Sie bemühte sich, ihre Kinder die Liebe zu Gott und zum Nächsten zu lehren. Sie selbst bereitete uns auf die erste heilige Kommunion vor. Sie legte größten Wert darauf, daß wir gemeinsam aufwachsen und daß wir Jesus lieben.

Sie lehrte uns vor allem, Gott zu lieben. Wir waren eine sehr glückliche Familie. Wir lebten füreinander, besonders nach dem Tod meines Vaters. Wir lebten einer für den anderen. Das höchste Anliegen eines jeden bestand darin, die anderen Familienmitglieder glücklich zu machen.

Meine Mutter liebte mich so sehr, daß sie mich später, als ich älter war, Gott anbot. Sie gab mich ihm freudig hin. Dasselbe Geschenk, das Gott ihr gemacht hatte, gab sie ihm zurück.

Deswegen kann ich hier bei euch sein, um gemeinsam mit euch Gott zu danken. Auch euch, ihr Mütter, möchte ich danken für eure Liebe zu euren Kindern.

Beten wir, daß jede Mutter ihr Kind liebt. Daß keine Mutter zu irgendeinem Mittel greift, um das Leben ihres Kindes auszulöschen. Daß keine Mutter das Gefühl hat, ihr Kind nicht zu lieben. Daß keine Mutter fürchtet, noch ein Kind ernähren und versorgen zu müssen.

1/33 & 3/97f

Maria ist bei euch

Wir haben eine Mutter im Himmel, Maria, die uns leitet, zu unserer Wonne, die Grund unserer Freude ist. Betet zu ihr. Betet den Rosenkranz zu Maria, damit sie immer mit euch sei, damit sie euch leite, damit sie euch beschütze und helfe. Führt das Gebet in eure Familien ein. Die Familie, die gemeinsam betet, bleibt in der Liebe und zusammen.

Bitten wir in dieser Zeit, daß sie uns ihr Schweigen, ihre Freundlichkeit und ihre Demut lehre. »Maria, dein Schweigen soll zu mir sprechen und mich lehren, mit dir und wie du alles im Herzen zu bewahren, nichts zu erwidern, wenn ich angeschuldigt oder zurechtgewiesen werde, sondern allzeit in der Stille des Herzens zu beten wie du.«

Bitten wir Maria, bei uns zu sein.
Bitten wir sie, uns ihr wundervolles,
reines, unbeflecktes Herz zu schenken –
ein Herz voller Liebe und Demut,
ein Herz, das bereit ist,
Jesus als Brot des Lebens zu empfangen,
das ihn liebt, wie Maria ihn geliebt hat,
und ihm dient in der Gestalt der Leidenden und Armen.

3/44 & 6/56f

Dankbarkeit gegenüber den Eltern

Nun ist der Augenblick, ein besonderes Gebet für unsere Eltern zu sprechen, für unsere Eltern, die uns gewünscht, die uns geliebt haben, die uns die Freude zu leben und das Leben mit ihnen zu teilen gelehrt haben.

Es ist etwas Wunderbares, diese Dankbarkeit unseren Eltern gegenüber zu erfahren.

Vielleicht sehen manche dies als Selbstverständlichkeit an. Aber das Gebet ist eben der Ort, wo ihr und ich uns vereinen müssen, um den Segen für die Familien von heute zu erhalten und um zu erreichen, daß sie füreinander einstehen. Gott bleibt bei denen, die miteinander beten.

2/177

Ein Gebet für unsere Eltern

Laßt uns einen Moment innehalten und ein Gebet für unsere Eltern sprechen: für unsere Eltern, die uns geliebt und gewünscht haben. Die uns das Leben gegeben haben.

Wir lesen im Evangelium, daß die Liebe Gottes für die Welt so groß war, daß er uns durch Maria seinen Sohn geschenkt hat. Maria empfing die Botschaft durch den Engel des Herrn und eilte zu Elisabet, ihrer Verwandten, die ein Kind erwartete. Und das Kind, das noch nicht geboren war, hüpfte vor Freude im Leib Elisabets.

Welch wunderbare Geschichte! Der allmächtige Gott wählte ein ungeborenes Kind, um das Kommen seines eigenen Sohnes anzukündigen.

2/95

Die Zärtlichkeit Gottes

Gott umgibt uns Menschen mit seiner zärtlichen Liebe,
und auch die ungeborenen Kinder liebt er
genauso wie dich und mich.

An folgende Geschichte muß ich oft denken: Ein Mann kam zu mir und sagte: »Mein einziger Sohn liegt im Sterben. Er braucht ein Medikament, das man aber nur in England erhalten kann.«

Noch während er sprach, kam ein anderer Mann mit einer Tasche voller Arzneimittel vorbei. Darunter war genau das Medikament, das der Arzt seinem Sohn verschrieben hatte.

Ich sah die Tasche voller Arzneimittel an und dachte bei mir: »So viele Kinder gibt es auf der Welt! Und doch nimmt sich Gott die Zeit, sich um diesen Kleinen zu kümmern.«

1/97 & 2/52

Gott, ich liebe dich

An diese Tasche voller Arzneimittel muß ich oft denken. Es gibt Abermillionen Kinder auf der Welt, und Gott dachte an diesen Kleinen aus den Armutsvierteln Kalkuttas und schickte den Mann genau im richtigen Augenblick mit den notwendigen Arzneimitteln ...

Das ist ein Beweis der vortrefflichen Liebe Gottes zu euch und zu mir. Denn dasselbe hätte er für jeden von euch getan.

Deswegen sage ich euch: Nehmt das Gebet in euer Leben auf.
Betet!
Vielleicht könnt ihr keine lange Gebete sprechen – aber betet!
Sagt dem Herrn: »Mein Gott, ich liebe dich!«

2/187

Bringt die Liebe und den Frieden nach Hause

In der heutigen Welt gibt es einen ungeheurer Hunger nach Gott ...

Wenn eine Familie nicht gemeinsam betet, wenn das Kind nicht im Gebet mit den Eltern vereint ist – wie sollen sie dann zusammenhalten!

Nazaret war Nazaret, weil Jesus, Maria und Josef füreinander eingestanden sind, weil sie gemeinsam gebetet haben.

Wenn wir wirklich Frieden wollen,
dürfen wir nicht auf Gewehre und Bomben zurückgreifen:
Tragen wir das Gebet in unser Leben und in unser Zuhause hinein!
Bringen wir die Liebe und den Frieden zu uns nach Hause,
und wir werden Frieden in der Welt haben.

3/59

Die frohe Botschaft

Das Kind ist ein Zeichen der wunderbaren Gegenwart Gottes und damit auch das herrlichste Zeichen der Liebe Gottes zu der Welt.

Es verwundert mich immer wieder, darauf hinweisen zu müssen, daß ein ungeborenes Kind [Johannes der Täufer im Schoß seiner Mutter Elisabet] das Kommen Christi und dessen Grund erkannt hatte: nämlich die frohe Botschaft den Armen zu verkünden.

Was bedeutete die frohe Botschaft, die Christus verkünden sollte?

Daß Gott die Liebe ist.
Daß Gott jeden von euch liebt.
Daß Gott auch mich liebt.
Daß Gott uns, euch und mich, geschaffen hat,
um große Dinge zu vollbringen:
um zu lieben und geliebt zu werden.

2/95

Jesu Ankunft

Vor ein paar Tagen mußte ich daran denken, daß der erste Mensch auf der Welt, der Jesus willkommen hieß und ihn erkannte, ein Kind war, das sich noch im Schoß seiner Mutter befand.

Jenes Kind hüpfte vor Freude, als seine Mutter Elisabet Maria begegnete, die bereits Jesus in sich trug.

Es war also ein ungeborenes Kind, das Jesus als erstes begrüßte.

Und es hieß ihn nicht nur willkommen, sondern hüpfte vor Freude im Leib seiner Mutter, wie es in der Heiligen Schrift geschrieben steht.

2/51

Die Geburt Jesu in Betlehem

Mit der Geburt Jesu in Betlehem
kam Freude in die Welt und
in die Herzen aller Menschen.

Derselbe Jesus kommt in der heiligen Kommunion
immer wieder in unser Herz.
Er möchte uns dieselbe Freude und denselben Frieden
schenken wie damals.
Möge sein Kommen an diesem Weihnachtsfest
jedem von uns den Frieden und die Freude geben,
die er uns schenken will.

Beten wir inständig um die Gnade des Friedens
und der Freude in unseren Herzen,
in unseren Gemeinschaften und in der Kirche.

6/145

Liebe beginnt zu Hause

An Weihnachten kommt Jesus als Kind zu uns, so klein, hilflos, so auf all das angewiesen, was Liebe zu geben vermag. Sind wir bereit, ihn aufzunehmen? Würden Maria und Josef auf der Suche nach einer Wohnung für Jesus unser Haus wählen und alles, was darin ist?

Auf der ganzen Welt gibt es so viele Probleme, und ich glaube, daß viele von ihnen ihren Ursprung zu Hause haben.

Die Welt muß so viel leiden, weil es keinen Frieden gibt. Es gibt keinen Frieden, weil in der Familie kein Friede herrscht und wir Tausende und Abertausende zerbrochener Familien haben.

Wir müssen unser Heim zu Stützpunkten des Erbarmens machen, immer wieder verzeihen und so Frieden bringen.

Mache dein Haus, deine Familie zu einem neuen Nazaret,
wo Liebe, Friede, Freude und Einigkeit herrschen,
denn Liebe beginnt zu Hause.
Du mußt für deinen Mann,
dein Kind,
deine Großeltern,
für alle, die mit dir zusammenleben,
Grund zur Hoffnung ewigen Glücks werden.

5/40

Unser Leben wäre leer

Mutter Teresa erzählte oftmals folgende Geschichte:

Ich erinnere mich an eine Mutter mit zwölf Kindern; das jüngste hatte eine schwere geistige Behinderung. Es fällt mir schwer, ihre Situation zu beschreiben. Ich bot ihr an, es in unser Heim zu bringen, wo andere Kinder mit ähnlichen Behinderungen wohnten.

Die Frau fing an zu weinen: »Um Gottes willen, Mutter! Sagen Sie so etwas nicht! Dieses Wesen ist das größte Geschenk Gottes an mich und meine Familie. Unsere ganze Liebe richtet sich auf dieses Kind. Unser Leben würde leer sein, wenn Sie es uns wegnehmen!«

Mutter Teresa schloß die Geschichte mit folgenden Worten: »Jene Liebe war verständnisvoll und zärtlich. Fühlt jeder von uns eine vergleichbare Liebe zu unseren Kindern, zu unserem Ehemann, zu unserer Ehefrau, zu unserer Mutter, zu unserer Schwester oder zu unserem Bruder?«

1/121

Gott verwirklicht grossartige Dinge

Es würde euch überraschen, wenn ihr wüßtet, wieviel Liebe sich auf verlassene und unerwünschte Kinder ergießt, auf Kinder, deren Schicksal es zu sein schien, im und von Müll zu leben.

Vor nicht allzu langer Zeit konnte ich miterleben, was ein adoptiertes Kind für eine Familie bedeutet. Eine sozial hochgestellte Frau hatte es von uns adoptiert. Nach einiger Zeit erfuhr ich, daß das Kind krank und völlig gelähmt war.

Ich ging zu der Familie und sagte: »Geben Sie mir das Kind zurück, Sie können ein anderes, gesundes Kind adoptieren.«

Doch der Vater antwortete mir entschieden: »Bevor Sie mir dieses Kind wegnehmen, würde ich lieber sterben!«

Hier seht ihr ein Beispiel, was dieses Kind für die Familie bedeutete und welche große Bedeutung dieses Kind trotz seiner Behinderung für das Familienleben hatte.

Das ist eines der großartigen Dinge, die Gott mit uns und durch uns verwirklicht.

2/59

Ein furchtbarer Schmerz in der Seele

Ich traf einmal eine Frau, die vor acht Jahren einen Schwangerschaftsabbruch vorgenommen hatte. Was glaubt ihr, sagte sie zu mir?

»Mutter, jedesmal, wenn ich ein Kind sehe, füllt sich mein Herz mit Trauer. Wenn ich ein achtjähriges Kind sehe, denke ich an mein Kind, das heute so alt gewesen wäre. Glauben Sie mir, es schmerzt mich furchtbar.«

Es war ein hinduistische Frau. Sie war keine Christin und fühlte daher auch anders. Aber ganz tief in ihrer Seele, christlich oder nicht, war diese ungeheure Trauer da. Bis zum Ende ihrer Tage wird sie diesen Gedanken mit sich tragen: Ich habe mein Kind getötet! Ich habe ein Leben ausgelöscht!

2/100

»In seine Hand geschrieben«

Wir lesen in der Schrift, wie Gott klar sagt: »Selbst wenn eine Mutter ihr Kind vergessen könnte, ich werde euch nicht vergessen, ich habe euch in meine Hand geschrieben.«

Wir sind in seine Hand eingeschrieben, so dicht bei ihm. Jedes ungeborene Kind ist auch in Gottes Hand eingeschrieben. Am meisten berührt mich der Anfang des zitierten Satzes, daß »selbst, wenn eine Mutter« – etwas Unmögliches – aber selbst wenn sie »ihr Kind vergessen könnte, ich werde euch nicht vergessen«.

Heute jedoch ist das größte Mittel, den Frieden zu zerstören, die Abtreibung. Wir, die wir hier sind, sind von unseren Eltern erwünscht. Wir wären nicht hier, wenn unsere Eltern uns das angetan hätten. Wir wollen unsere Kinder, wir lieben sie. [...]

Millionen aber sterben durch den vorsätzlichen Willen der Mutter. Dies zerstört heute wirklich am meisten den Frieden. Denn wenn eine Mutter ihr eigenes Kind töten kann, dann bleibt nichts Schlimmeres zu tun übrig, als daß ich Sie töte und Sie mich.

5/76

Respekt vor dem Leben

Es ist eine Tatsache, daß die Menschen sich um die Zukunft und um demographische Fragen sorgen. Aber hier in Indien gibt es die natürliche Familienplanung. Diese könnte den Paaren bei der Familienplanung helfen, ohne das Geschenk Gottes, Leben zu schenken, zu zerstören.

Ich glaube, daß wir unsere Kinder dazu erziehen müssen, mit Respekt vor dem Leben, mit Respekt vor der Würde des Lebens der Zukunft entgegenzusehen. Wir müssen sie lehren, daß das Leben ein Geschenk Gottes ist, daß es von ihm geschaffen wurde.

Auf der Grundlage, das Leben als etwas Unantastbares, als etwas Heiliges anzuerkennen, werden sie in der Lage sein, sich der Zukunft durch einfache Arbeit, mit natürlichen Mitteln, die Gott geschaffen hat, zu stellen. Wir lehren unsere Menschen die natürliche Familienplanung. Wir lehren sie den jungen Menschen, so daß die Zukunft ihnen keine Sorgen bereiten wird.

Die Armen haben mir gesagt: »Seitdem wir in diesem Bewußtsein leben, hält unsere Familie zusammen, wir sind gesund, und wir können ein Kind in dem Moment bekommen, wenn wir es wünschen.«

All dies hat tiefen Frieden und Gemeinschaft in das Leben unserer Armen gebracht.

2/48

Fürchtet euch nicht

Bitten wir die Muttergottes und den heiligen Josef, die Jesus ein Zuhause gaben, daß unsere Gemeinschaften so werden wie das Haus von Nazaret. Haben wir keine Angst. Jesus sagte: »Fürchtet euch nicht... Ich bin bei euch« (Matthäus 28,10.20). »Liebt einander! Wie ich euch geliebt habe, so sollt auch ihr einander lieben« (Johannes 13,34).

Liebe besteht nicht aus Worten und läßt sich auch nicht mit Worten erklären. Das gilt besonders für jene Liebe, die von Jesus ausgeht, die in den anderen Menschen Jesus erkennt, berührt, ihm dient und ihn liebt.

Eine solche Liebe ist echt, brennend, rein, frei von Furcht und Zweifel. Es gibt keine größere Liebe als jene, die Christus uns vorgelebt hat.

Deshalb bitte ich euch, einander zu lieben, wie Christus uns geliebt hat. Wie der Vater ihn geliebt hat, so hat er uns geliebt, und so liebt er uns jetzt.

Er hat uns beim Namen gerufen; wir sind ihm kostbar.

6/120

God bless you
M Teresa mc

Textnachweis

1 José Luis González-Balado: *Madre Teresa. Anécdotas de una vida.* Acento Editorial, unveröffentlichtes Manuskript.

2 Madre Teresa de Calcuta: *Ver – amar – servir a Cristo en los Pobres.* Ediciones Paulinas, Madrid 1991.

3 Madre Teresa de Calcuta: *Seremos juzgados sobre el amor.* Ediciones Paulinas, Madrid 1984.

4 Mutter Teresa: *Worte der Liebe.* Übers. u. für die deutsche Ausgabe erweitert von Franz Johna. Freiburg i. Br. [3]1994.
© William Collins Sons & Co. Ltd., London.

5 Mutter Teresa: *Zeiten der Barmherzigkeit*, Freiburg i. Br. [3]1997.
22.2., 21.5.: Aus: Chawla Nawin, *Mutter Teresa.* Die autorisierte Biographie, aus dem Engl. übertragen von Kattrin Stier.
Alle Rechte an der deutschsprachigen Ausgabe 1993 beim Wilhelm Goldmann Verlag, München, in der Verlagsgruppe Bertelsmann GmbH.
3.8., 2.11.: *Mutter Teresa von Kalkutta*, Geistliche Texte, hrsg. v. Georges Gorrée und Jean Barbier, Topos-Taschenbücher Bd. 58.
Matthias-Grünewald-Verlag, Mainz 5. Aufl. 1985.
© Bayard-Presse S.A., Editions du Centurion, Paris.
20.5., 17.10.: Helmut S. Ruppert (Hrsg.): *Mutter Teresa.* Bastei-Lübbe-Taschenbuch Bd. 60012.
Gustav Lübbe Verlag GmbH, Bergisch Gladbach 1979.
20.2.: Eugen Vogt: *Mutter Teresa – ein Werkzeug der göttlichen Vorsehung.* Lebensbild – Geistliche Texte. Kanisius Verlag, Freiburg/Schweiz 1990.
15.4., 10.5., 20.8., 23.9., 6.11., 29.12.:
Mutter Teresa, Mein Geheimnis ist ganz einfach. Hrsg. v. Eugen Vogt. Kanisius Verlag,Freiburg/Schweiz 1980.

14.8.: Mutter Teresa/Frère Roger: *Maria. Mutter der Versöhnung.* Verlag Herder, Freiburg i. Br. 1988. © William Collins Sons & Co. Ltd., London.

28.10.: Mutter Teresa/Frère Roger: *Gebet. Quelle der Liebe.* Verlag Herder, Freiburg i. Br. 1999.
© William Collins Sons & Co. Ltd., London.

14.9., 15.9., 25.12.: Mutter Teresa: *Aus der Stille des Herzens.* Beten mit Mutter Teresa, hrsg. v. Kathryn Spink. Verlag Herder, Freiburg i. Br. 1984. © SPCK, London 1983.

2.5., 16.9., 30.9., 24.10.: Desmond Doig: *Mutter Teresa. Ihr Leben und Werk in Bildern.* Geleitwort v. Georg Hüssler. Verlag Herder, Freiburg i. Br. 1976.
© William Collins Sons & Co. Ltd., London.

22.5., 12.6., 1.8., 9.8., 1.9., 25.11.: Malcom Muggeridge: *Mutter Teresa.* Geleitwort v. Georg Hüssler, aus dem Engl. übers. von Hans Schmidthüs. Verlag Herder, Freiburg i. Br. 1972.
© William Collins Sons & Co. Ltd., London 1971.

6 Mutter Teresa: *Gedanken für jeden Tag.* Übersetzung aus dem Englischen von Stefan Liesenfeld.
© Verlag Neue Stadt, München/Zürich/Wien 1990.

7 Mutter Teresa: *Ein Weg zum Lieben.* Meditationen.
© Verlag Neue Stadt, München/Zürich/Wien [4]1991.

8 Mutter Teresa / Frère Roger: *Gebet.Quelle der Liebe*, aaO.

Weitere Bücher von und über Mutter Teresa

CHRISTIAN FELDMANN

Die Liebe bleibt

Das Leben der Mutter Teresa

Mit einem Vorwort von Frère Roger, Taizé

4. Auflage 1998, 160 Seiten, Paperback – ISBN 3-451-26285-1

Christian Feldmann zeichnet auf seine unverwechselbare Art den Weg, die Persönlichkeit, die Anliegen, die Kraftquellen, das Engagement und das Vermächtnis Mutter Teresas nach, jener Ordensfrau, die liebte bis an die äußersten Grenzen menschlicher Möglichkeiten. Sie lebte ein Leben der Liebe – einer Liebe, die bleibt.

JOSÉ LUIS GONZÁLEZ-BALADO (Hg.)

Das Gebetbuch der Mutter Teresa

Aus dem Spanischen von Anton Ellinger

1999, 168 Seiten mit 14 s/w Abb., Halbleinen – ISBN 3-451-26766-7

Die Antwort auf Leid, Elend und Trostlosigkeit, denen Mutter Teresa in den Armutsvierteln von Kalkutta und überall auf der Welt begegnet ist, heißt immer: Jesus. In ihm und im Gebet fand sie die Kraft, die den Schmerz der Menschen zu lindern und zu bannen vermag.

HERDER

MUTTER TERESA

Zeichen der Barmherzigkeit

1998, 48 Seiten, mit farb. Abbildungen, gebunden

ISBN 3-451-26688-1

»Ich versuche den Armen durch Liebe das zu geben, was die Reichen mit Geld bekommen können. Nein, ich würde einen Leprakranken nicht für tausend Mark anfassen, aber ich pflege ihn, ohne zu zögern, aus Liebe zu Gott« (Mutter Teresa).

MUTTER TERESA

Die Sprache des Herzens

Gedanken für jeden Tag

3. Auflage 1998, 192 Seiten, Paperback

HERDER / SPEKTRUM Band 4616

Die Friedensnobelpreisträgerin hat hier ihre Erfahrungen konzentriert, schlicht, eindringlich, glaubwürdig. Erfahrungen, die ihr Leben trugen. Und die unser Leben inspirieren – ja, die es verändern können.
Jeden Tag neu.

MUTTER TERESA

Zeiten der Barmherzigkeit

Herausgegeben von Leonie Höhren

4. Auflage 1999, 160 Seiten, Paperback

HERDER / SPEKTRUM Band 4373

»Laß nie zu, daß du jemandem begegnest, der nach der Begegnung mit dir nicht glücklicher ist« (Mutter Teresa).

MUTTER TERESA/ FRÈRE ROGER

Gebet

Quelle der Liebe

Erweiterte Neuausgabe 1999

128 Seiten, Paperback – ISBN 3-451-27193-1

Dieses Buch führt den Leser zur Kraftquelle ihres von Liebe und Mitleid erfüllten Lebens: Es enthält ihre schönsten und wichtigsten Gebete sowie ihre Gedanken über das Gebet. Es lehrt die Kunst, sich betend auf Gott zu verlassen.

HERDER